Reclam Literaturunterricht

Sachanalysen. Stundenverläufe. Arbeitsblätter

Franz Kafka
In der Strafkolonie

Von Ulf Abraham

Reclam

Abkürzungen und Symbole

EA Einzelarbeit
PA Partnerarbeit
GA Gruppenarbeit
UG Unterrichtsgespräch
LV Lehrervortrag

* Kennzeichnung eines zusätzlichen Arbeitsauftrags auf erhöhtem Niveau (für Binnendifferenzierung)
HA Hausaufgabe

Verweis auf die zugehörige Ausgabe:
Franz Kafka: In der Strafkolonie. Hrsg. von Alain Ottiker. Stuttgart 2017. (Reclam XL. Text und Kontext. 19401.)

Code für editierbare Arbeitsblätter und Vorlagen

Alle für den Unterricht benötigten *Arbeitsblätter* und *Vorlagen* (Bilder und Texte) sind digital auf der Webseite **www.reclam.de/lehrer_strafkolonie** zum Download verfügbar. Bitte geben Sie folgenden Code ein:

uSihs2RR

Reihenkonzept: Max Kämper

Reclam Literaturunterricht | Nr. 15808
2020 Philipp Reclam jun. Verlag GmbH,
Siemensstraße 32, 71254 Ditzingen
Druck und Bindung: Elanders GmbH,
Anton-Schmidt-Straße 15, 71332 Waiblingen
Printed in Germany 2020
RECLAM ist eine eingetragene Marke
der Philipp Reclam jun. GmbH & Co. KG, Stuttgart
ISBN 978-3-15-015808-1
www.reclam.de

Inhalt

Vorbemerkung

Kafkas 1914 entstandene Erzählung *In der Strafkolonie* ist über einhundert Jahre alt und schon damit auf den ersten Blick weit entfernt von der Lebenswirklichkeit heutiger Lernender; hinzu kommt das in diesem Werk entwickelte nichtrealistische Wirklichkeitsmodell, das trotz (oder gerade wegen) der für den Autor typischen sachlichen Sprache für Irritationen hinsichtlich denkbarer Wirklichkeitsbezüge sorgt. Und nicht zuletzt ist die Lektüre des Textes emotional herausfordernd und scheint das im Literaturunterricht sowohl von Lernenden als Lehrenden gern als zentral betonte Bemühen um Einfühlung in die Figuren und ihre Lage geradezu zurückzuweisen.

Dennoch ist dies ein wichtiger Text für den Deutschunterricht. Als eines von relativ wenigen zu Lebzeiten des Autors (1919 bei Kurt Wolff, Berlin) publizierten Werken repräsentiert es diesen in kompakter Form und eignet sich zur Einführung in die klassische Moderne ebenso wie in Kafkas Schreibstil und Vorstellungswelt. Ein Wirklichkeitsbezug kann zum einen durch Thematisierung der kolonialen Vergangenheit vieler europäischer Nationen (einschließlich Deutschlands) hergestellt werden, andererseits im Eingehen auf fortbestehende Folterpraktiken in vielen Teilen der Welt.

Zentral in der Auseinandersetzung mit dem Werk ist jedoch die Frage, was Literatur zur Verständigung einer Kultur über ihre Werte beiträgt, ebenso wie zur Auseinandersetzung des Menschen mit seinen eigenen Fantasien.[1] *In der Strafkolonie* »handelt vom Schrecken in uns und in unserer Kultur«.[2]

Benutzungshinweise

Der Band enthält acht aufeinander aufbauende Unterrichtsstunden und zwei Klausuraufgaben mit Lösungshinweisen.

Jeder Entwurf einer Unterrichtsstunde besteht aus zwei Teilen:
- **Sachanalyse** mit einem praxisorientierten, auf den Unterrichtsverlauf bezogenen Interpretationsangebot
- **Unterrichtsverlauf** mit (a) kurzem Überblick über Thema und Ziel, (b) den Unterrichtsschritten in tabellarischer Übersicht und (c) ausführlichen Erläuterungen zu den einzelnen Unterrichtsschritten

Jede Unterrichtsstunde bietet alle für den Unterricht benötigten Materialien:
- kopierfähige **Arbeitsblätter** (ggf. mit Lösungshinweisen im Anhang)
- **Vorlagen** (Bilder oder Texte)
- **Tafelbilder** (Vorschläge für die mediale Präsentation)

Die Unterrichtsstunden enthalten an allen geeigneten Stellen Hinweise für
- einen möglichen **verkürzten Verlauf** (als **fakultativ** gekennzeichnete Unterrichtsschritte)
- eine mögliche **Binnendifferenzierung** (die entsprechenden Arbeitsaufträge auf erhöhtem Niveau sind mit einem Asterisk * gekennzeichnet)

Textgrundlage ist die Ausgabe:

Franz Kafka: In der Strafkolonie. Hrsg. von Alain Ottiker. Stuttgart 2017. (Reclam XL. Text und Kontext. 19401.)

Seitenangaben beziehen sich auf diese Ausgabe.

Hinweis: Die Reihe *Reclam Literaturunterricht* achtet auf gendergerechte Sprache. Aus Gründen der Lesbarkeit wird in seltenen Fällen davon abgewichen, immer sind aber alle Geschlechter gemeint.

1 Vgl. Ulf Abraham, »Textbesessenes Lesen. Das Unheimliche literarischer Verstehensprozesse«, in: Nicole Mitterer / Hajnalka Nagy (Hrsg.), *Zwischen den Worten. Hinter der Welt. Wissenschaftliche und didaktische Annäherungen an das Unheimliche*, Innsbruck [u. a.] 2015, S. 195–209.
2 Hans Dieter Zimmermann, »In der Strafkolonie«, in: Michael Müller (Hrsg.), *Franz Kafka. Romane und Erzählungen*, Stuttgart 2003, S. 160–172, Zitat S. 160.

1 Schauplatz und Figuren der Erzählung erarbeiten

Sachanalyse[1]

»Die Geschichte spielt in den überseeischen Territorien einer europäischen Kolonialnation.«[2] – Wir befinden uns in den Tropen (*In der Strafkolonie*, Reclam XL, S. 6), und man spricht Französisch (S. 8). Die Kolonie scheint entlegen zu sein und selten Besucher zu haben; die Zustände dort entsprechen nicht den zivilisatorischen Standards oder kulturellen Normen der westlichen Welt (auch nicht zur Entstehungszeit des Textes). Die Einwohner erscheinen dem Reisenden wie ein »armes, gedemütigtes Volk« (S. 41). Nicht nur materiell, sondern auch politisch scheinen die Verhältnisse fragwürdig; die ganze Kolonie ist das »Werk« des ›alten Kommandanten‹ (S. 7). Dieser setzte nach Belieben Richter ein, die (wie z.B. der Offizier: vgl. S. 12) offenbar über keine fachlichen Voraussetzungen verfügen mussten: Die Kolonie ist rückständig und durch demokratisch legitimierte Instanzen kaum kontrolliert. Die beschriebene Verurteilungs- und Bestrafungspraxis erscheint wie aus früheren Zeiten übrig geblieben und wird überdies auch auf der Insel selbst kaum noch beachtet (»Das Interesse für diese Exekution war wohl auch in der Strafkolonie nicht sehr groß«, S. 5). Beiläufig, aber mehrfach erwähnt wird eine rege Bautätigkeit am Hafen, die wachsenden Handel und (zumindest erwünschten) verstärkten Austausch mit der Außenwelt zu versprechen scheint. Unschwer kann man diesen Eindruck einer aufstrebenden Gegenwart mit dem ›neuen Kommandanten‹, die überkommenen problematischen Verhältnisse dagegen mit dem ›alten‹ in Verbindung bringen. Auffällig ist allerdings, dass auf die neue Zeit nur in Andeutungen, auf die alte dagegen sehr detailliert eingegangen wird, so als habe sie eine gewisse Macht über die Gegenwart.

1 Diese Sachanalyse berücksichtigt im Interesse der Darstellungsökonomie hier bereits die gesamte Erzählung und nicht nur den Textanfang, der zum Gegenstand der 1. Stunde werden soll.

2 Alexander Honold, »In der Strafkolonie«, in: Bettina von Jagow / Oliver Jahraus (Hrsg.), *Kafka-Handbuch. Leben – Werk – Wirkung*, Göttingen 2008, S. 477–503; Zitat S. 480.

Unterrichtsverlauf

Überblick. Die erste Einheit soll durch genaue Lektüre (»textnahes Lesen«) des Anfangs der Erzählung im Unterricht klären, wie dieser Schauplatz und Figuren einführt. Ziel ist eine erste Orientierung in dem Wirklichkeitsmodell, das das Werk dem Leser zumutet.

Phase	Thema	Sozialform	Kompetenzen und Lernziele	Materialien
Voraussetzungen: keine				
1.1	Einstiegsphase: Erstbegegnung durch einen Hörtext(anfang)		• Einer Geschichte konzentriert zuhören	Audio (online) / Hörbuch
1.2	Orientierung im literarischen Wirklichkeitsmodell	PA	• Sich mit einem anderen Hörer austauschen • Zu einem geteilten Verständnis gelangen	
1.3	Raum (›Schauplatz‹), Zeit der Handlung und Figuren der Erzählung	EA	• Einen literarischen Text(anfang) nach einfachen narratologischen Kategorien analysieren	
1.4	Erste Beschreibung des Wirklichkeitsmodells nach narratologischen Basiskategorien	UG	• Auf der Basis genauer Lektüre zu einem Verständnis der Exposition gelangen und offene Fragen formulieren	
1.5	Sicherung des Ergebnisses als vorläufiges Wissen/Nichtwissen	UG	• Erkennen, dass der Sinnbildungsprozess unabgeschlossen ist und die weitere Rezeption Vorstellungsbildung und Sinnkonstruktion verändern kann • Sich aktiv an der Suche nach einer von allen geteilten Interpretation beteiligen	Datenträger
HA	Lektüre des Textauszugs	EA		ARBEITSBLATT 1 ➤ S. 9

1.1 Erstbegegnung durch einen Hörtext(anfang)

Audio (online) / Hörbuch

Unterrichtsschritt mit Erläuterungen. Die Lernenden hören zunächst den Anfang der Erzählung (*In der Strafkolonie*, S. 5–8 Mitte; sollte der Wunsch bestehen, kann der Hörtext ein zweites Mal eingespielt werden). Mehr Information als Autor und Titel des Werkes wird bewusst nicht geliefert.

Das Hörbuch ist u.a. online verfügbar, z.B. bei Youtube, von Hans-Jörg Große gelesen, oder bei Spotify, gelesen von Christoph Hackenberg.

1.2 Orientierung im literarischen Wirklichkeitsmodell

PA

Unterrichtsschritt. Die Lernenden tauschen sich in Partnerarbeit darüber aus, was sie verstanden / nicht verstanden haben.

1.3 Raum (›Schauplatz‹), Zeit der Handlung und Figuren der Erzählung

EA

Unterrichtsschritt. In Stillarbeit wird der gerade gehörte Textanfang (*In der Strafkolonie*, Reclam XL, S. 5–8, Z. 18) gelesen; die Lernenden machen jetzt begleitend Notizen zu folgenden Leitfragen:
- Wo spielt die Geschichte und was erfahren wir über den *Schauplatz* der Handlung?
- Welche *Figuren* werden als Akteure eingeführt und wie werden sie *charakterisiert*?
- Wie genau können wir *Ort* und *Zeit* der Handlung bestimmen?

1.4 Erste Beschreibung des Wirklichkeitsmodells nach narratologischen Basiskategorien

Unterrichtsschritt mit Erläuterungen. Im Unterrichtsgespräch werden nun Beobachtungen am Text zusammengetragen; ein erstes Verständnis der fiktionalen Welt der *Strafkolonie* wird formuliert. Die Ergebnisse werden in einem Tafelbild oder am Whiteboard festgehalten, das nach den Kategorien »Wissen« bzw. »Was wir (noch) nicht wissen« strukturiert wird. UG

Als *Figuren* werden benannt:
- ein Forschungsreisender,
- ein Offizier,
- ein offenbar wegen Ungehorsams verurteilter Soldat sowie ein weiterer, Hilfsdienste verrichtender Soldat.

Kurz erwähnt werden zwei Kommandanten, ein amtierender und ein »früherer«. Es wird festgestellt, dass es außer dem Reisenden keine Zuschauer oder Zeugen der geplanten Exekution gibt und auch der Reisende sich nur mäßig für den Vorgang zu interessieren scheint. Dessen gelangweilte Höflichkeit kontrastiert einerseits mit dem Diensteifer des Offiziers, dessen korrektes Verhalten andererseits mit dem verwahrlosten und gleichgültigen Aussehen des Verurteilten.

Der *Ort* (Schauplatz) ist ein »sandiges« und »schattenloses« Tal, liegt also unter freiem Himmel (nicht etwa in einem Gefängnisgebäude). Die Lage der Insel bleibt unklar; da aber die Herkunft des Reisenden »europäisch« genannt wird, liegt die Vermutung nahe, dass die Insel geografisch zu einem anderen Kontinent gehört.

Über die *Zeit* der Handlung kann wenig gesagt werden; mangels anderweitiger Hinweise kann angenommen werden, dass die Geschichte zur Entstehungszeit der Erzählung spielt, d. h. zu Beginn des 20. Jahrhunderts. Dazu passt der technisch aus heutiger Sicht wenig avancierte mechanische »Apparat«, dessen Funktionsweise noch unklar ist.

Es werden Kurzcharakteristiken der sechs Figuren angelegt. Über den ›neuen Kommandanten‹ kann zwar wenig gesagt werden, aber er wird mit aufgeführt. Ergebnisse könnten lauten:
- Offizier: *korrekt, höflich, beflissen, selbstbewusst, aber auch nervös und etwas ängstlich dem Reisenden gegenüber*
- Reisender: *ruhig, zurückhaltend, vielleicht gelangweilt*
- verurteilter Soldat: *verwahrlost, unterwürfig (»hündisch ergeben«), stumpfsinnig*
- zweiter Soldat: *gleichgültig, schwer von Begriff*
- alter Kommandant: *überzeugt von seiner Aufgabe, erfinderisch, möglicherweise despotisch*
- neuer Kommandant: *?*

Mit derselben Sorgfalt werden Fragen gesammelt, auf die es einstweilen überhaupt *keine Antwort* gibt, z. B.:
- Worin besteht die Schuld des Verurteilten?
- Wie lautet das Urteil?
- Was ist überhaupt der Sinn des »Apparates« und wie exekutiert er die Verurteilten?
- Wer war der »frühere Kommandant« wirklich?
- Was ist der Zweck der Forschungsreise, die den Fremden auf die Insel geführt hat? (Wenn er ein Experte ist, wofür?)

1.5 Sicherung des Ergebnisses als vorläufiges Wissen/Nichtwissen

Unterrichtsschritt mit Erläuterungen. Die Unterrichtseinheit schließt mit der Ernennung von zwei Verantwortlichen: Ernannt wird ein/e ›Hüter/in des Wissens‹ und ein/e ›Hüter/in des Unwissens‹. Die beiden Schüler*innen erhalten konkrete Aufträge und damit verbundene Rechte: Die bereits stichpunktartig formulierten Kurzcharakteristiken und die notierten offenen Fragen werden auf geeignete Weise gesichert (abfotografiert von der Tafel, gespeichert am Whiteboard, USB-Stick o. Ä.) und in die Obhut des/der ›Wissens-‹ bzw. des ›Unwissens‹-Verantwortlichen übergeben. Die Lehrkraft erläutert die Aufgabe der beiden Rollen- UG Datenträger

träger, dafür zu sorgen, dass die Charakteristiken später ergänzt bzw. korrigiert und die Fragen nach Möglichkeit geklärt werden. Die beiden erhalten dazu das Recht, zu jedem späteren Zeitpunkt, der ihnen sinnvoll erscheint, eine oder mehrere der Charakteristiken bzw. Fragen wieder in den Unterricht einzubringen und ihre Überprüfung zu verlangen.

EA

Hausaufgabe

ARBEITSBLATT 1

› S. 9

Lektüre des Textauszugs ARBEITSBLATT 1 *Definition: »Kolonialismus«*.

Definition: »Kolonialismus«

»Das Wort ›Kolonialismus‹ und dessen etymologische Herkunft sagt wenig über seinen Inhalt aus und nichts über den zerstörerischen, verbrecherischen Charakter des gesellschaftlichen Systems, für das es steht.

Das lateinische ›colere‹ bedeutet ›bebauen‹ im Sinn von ›Land bestellen‹. ›Colonus‹ (lat., von ›colon‹, Glied) ist der ›Bauer‹, ›Landwirt‹, aber auch der ›Siedler‹ oder ›Kolone‹. [...] Das Wort ›colonia‹ (lat.), übersetzt als ›Kolonie‹, ›Pflanzstadt‹, ›Niederlassung‹ oder ›Ansiedlung‹, deutet an, dass es mit Landnahme zu tun hat, einem aggressiven oder mindestens doch aktiven Akt, ›Kolonisation‹ genannt.

Im ursprünglichen Sinn ist die Kolonie ein Personenverband in einem Territorium außerhalb des angestammten Siedlungsgebietes [...]. So wurden vom klassischen Athener Staat in den Jahrhunderten vor unserer Zeitrechnung Siedlergruppen mit meist hundert bis zweihundert ›Kolonen‹ von der ›Mutterstadt‹ [...] in besetzte Gebiete entsandt, um dort eigenständige Niederlassungen zu gründen. Die vom römischen Imperium beherrschten fremden Territorien standen dagegen bereits als steuer- und abgabenpflichtige Gebiete unter direkter Herrschaft Roms.

Allgemein wird unter ›Kolonialismus‹ vor allem die europäische Expansionspolitik verstanden, die im fünfzehnten Jahrhundert einsetzt und zunächst von Spanien, Portugal, den Niederlanden, Frankreich und England getragen wird. Sie führt zur vollständigen Verteilung aller außereuropäischen Gebiete der ökonomisch und militärisch stärksten europäischen Staaten untereinander. Ein wichtiger Schritt auf diesem Weg ist die Berliner Kongo-Konferenz 1884/85 – der Kolonialismus erlebt eine Hochzeit. Sie reicht bis zum Ersten Weltkrieg, in dessen Zentrum das deutsch-österreichische Begehren nach Neuaufteilung der Kolonialgebiete steht. [...]

Zum festen System, das die überwiegende Mehrheit der Erdbevölkerung unterdrückte, war der Kolonialismus erst mit der Entstehung des Imperialismus seit dem ausgehenden 19. Jahrhundert geworden. Er prägte alle nachfolgenden Stadien – bis heute. Die Vergangenheit ist nicht vergangen. Wieder wird um Einflusssphären gestritten, und die Politik der Arroganz gegenüber dem ›Süden‹ deutet auf die Dauerhaftigkeit des ›Kolonialismus‹ hin, selbst wenn er von den imperialistischen Mächten nicht als solcher bezeichnet wird. Schien es spätestens Mitte des zwanzigsten Jahrhunderts, als könnten im Zug nationaler Befreiungskämpfe, einer erstarkenden institutionellen Alternative zur kapitalistischen Hegemonie und eines brüchig, ineffektiv gewordenen Kolonialsystems tatsächlich unabhängige, selbstbestimmte Gesellschaften in den jahrhundertelang drangsalierten Regionen entstehen, so fällt die ehrliche Analyse des erreichten Stands ernüchternd aus. Die Diskussion um ›Kolonialismus heute‹ ist Bedingung für dessen Beseitigung.«

Gerd Schumann: Kolonialismus, Neokolonialismus, Rekolonisierung.
Köln: PapyRossa, 2016. S. 22 f. [geringfügig gekürzt].

16 Expansion: Ausdehnung | **25 Imperialismus:** Bestreben einer Großmacht, ihren politischen, militärischen und wirtschaftlichen Einflussbereich immer weiter auszudehnen | **32 Hegemonie:** Vorherrschaft

2 Die *Strafkolonie* kulturgeschichtlich einordnen

Sachanalyse

Der Titel der Erzählung referiert, ungeachtet ihrer surrealistisch anmutenden Handlung, auf eine sozial- und politikgeschichtlich identifizierbare Wirklichkeit: Die Insel ist eine (oder gehört zu einer) Kolonie. Damit ist eine Epoche aufgerufen, die Historiker und Kulturwissenschaftler als diejenige des »Imperialismus« und »Kolonialismus« beschreiben.[1] Das ist im Interesse eines späteren Interpretationsgesprächs (vgl. 6. Stunde, S. 35) zu klären. In diesem Zusammenhang ist auch der Begriff des »Eurozentrismus« einzuführen, d.h. einer von europäisch-westlichen Normen und Grundwerten, aber auch Vorurteilen geprägten Sicht auf andere Teile der Welt,[2] vor allem der sogenannten ›Dritten Welt‹, deren ökonomisch besonders relevante Gebiete (Ressourcenabbau, Absatzmarktentwicklung) von den Industrienationen der ›Ersten Welt‹ bevorzugt in Besitz genommen und kolonisiert worden sind. Hinweise im Text sprechen für Frankreich als Kolonialmacht. Aber auch das Deutsche Kaiserreich hat sich, wenngleich vergleichsweise wenig erfolgreich, als Kolonialmacht betätigt. – Damit sind Fakten und Einsichten aus dem Bereich »historischen Lernens« im Literaturunterricht angesprochen;[3] diese Unterrichtseinheit sollte dennoch nicht als ›Geschichtsunterricht‹ aufgefasst werden, sondern im Sinn des Postkolonialismus-Konzepts (und im Interesse der politischen Bildung) als Gelegenheit, Literatur im Blick auf die bis heute andauernden Folgen der Kolonisierung aufmerksam zu lesen.[4]

1 Vgl. Gerd Schumann, *Kolonialismus, Neokolonialismus, Rekolonisierung*, Köln 2016, bes. S. 22 f. (»Kolonialismus«) und S. 56–77 (»Imperialismus«).

2 »Unter Eurozentrismus soll […] die mehr oder weniger explizite Annahme verstanden werden, dass die allgemeine historische Entwicklung, die als charakteristisch für das westliche Europa und das nördliche Amerika betrachtet wird, ein Modell darstellt, an dem die Geschichten und sozialen Formationen aller Gesellschaften gemessen und bewertet werden können.« (Sebastian Conrad / Shalini Randeria, »Geteilte Geschichten – Europa in einer postkolonialen Welt«, in: Sebastian Conrad [Hrsg.], *Jenseits des Eurozentrismus. Postkoloniale Perspektiven in den Geschichts- und Kulturwissenschaften*, 2., erw. Aufl., Frankfurt a. M. 2013, S. 32–71, Zitat S. 35).

3 Vgl. Tilman von Brand, »Historisches Lernen im Literaturunterricht«, in: *Praxis Deutsch* 259 (2016), S. 4–11.

4 Vgl. z. B. Oliver Simons, »Moderne«, in: D. Göttsche / A. Dunker / G. Dürbeck (Hrsg.), *Handbuch Postkolonialismus und Literatur*, Stuttgart 2017, S. 268–274.

Unterrichtsverlauf

Überblick. Die Lernenden aktualisieren oder erwerben das für die Weiterarbeit an Texterschließung und -interpretation erforderliche kulturhistorische Hintergrundwissen, indem sie arbeitsteilig Quellen auswerten und dann im Klassenplenum ihr Wissen austauschen und abgleichen. Der Rückbezug auf die erste Unterrichtseinheit wird durch eine Revision der Notizen zu a) Figuren und b) offenen Fragen hergestellt.

Phase	Thema	Sozialform	Kompetenzen und Lernziele	Materialien
Voraussetzungen: keine				
2.1	Assoziationen und Informationen zum Begriff »Kolonie«	UG	• Ein geläufiges (Fremd-)Wort auf seine Bedeutung(en) und seine Herkunft hin befragen • Vorwissen abrufen	Internetzugang VORLAGE 2 ➤ S. 12
2.2	Eigenaktiver Wissenserwerb über Kolonialismus, Kolonialmächte sowie Strafkolonien	UG / GA	• Sach- bzw. Fachtexten themafokussiert Informationen entnehmen • Anspruchsvolle Fachinhalte verständnisfördernd referieren, auch unter Verwendung selbstverfasster stützender Texte	ARBEITSBLATT 1 ➤ S. 9 VORLAGE 2 ➤ S. 12 ARBEITSBLATT 2a ➤ S. 14 ARBEITSBLATT 2b ➤ S. 15 ARBEITSBLATT 2c ➤ S. 16

2.3	Präsentationen und Abgleich mit den Ergebnissen der Text(anfangs-)Analyse aus der 1. Stunde	UG	• Gewonnene Informationen dem Klassenplenum adressatenorientiert vorstellen • Einzeln oder gemeinsam argumentierende und erklärende Beiträge präsentieren • Kenntnisse aus wissenschaftlicher Literatur in die Kontextualisierung literarischer Texte einbeziehen	Präsentationsmedium
2.4	Ergänzung/Revision der gespeicherten Notizen in der Obhut der beiden ›Hüter*innen‹	UG	• Schon erarbeitete Ergebnisse überprüfen und ggf. revidieren	Datenträger (s. 1.5)
HA	Lektüre			*In der Strafkolonie*, Reclam XL, bis S. 33, Z. 8

2.1 Assoziationen und Informationen zum Begriff »Kolonie«

Unterrichtsschritt mit Erläuterungen. Der Schritt dient der Sammlung, Klärung und Erweiterung des in der Lerngruppe verfügbaren Vorwissens zum Begriff »Kolonie«. Im Gespräch ergibt sich, dass es ein geläufiges Fremdwort der deutschen Sprache ist, das aber in seiner historischen Bedeutung vielen möglicherweise nicht klar ist. In Komposita wie »Lauben-« bzw. »Schrebergartenkolonie«, »Künstlerkolonie« ist diese kaum noch erkennbar. Nach Aufforderung, in einem Online-Herkunftswörterbuch zu suchen (z. B. de.wiktionary.org, www.wortbedeutung.info), finden die Lernenden beispielsweise die Herkunft vom Lateinischen *colonia* (›Länderei, Ansiedlung, Niederlassung‹) und vier semantische Bereiche:

UG

Internetzugang

VORLAGE 2 ➤ S. 12

»1) **Politik, Geschichte**: auswärtiges unselbständiges Gebiet eines Staates ohne eigene politische und wirtschaftliche Macht, das oft auch wirtschaftlich ausgebeutet wird
2) **Biologie**: Gruppe von Pflanzen, Tieren oder Bakterien, die in einer engen natürlichen Gemeinschaft leben
3) **Geographie**: Wohnsiedlung, die am Stadtrand liegt
4) **Soziologie**: Gruppe von Menschen gleicher Nationalität, die als abgegrenzte Minderheit in einem anderen Land leben« (de.wiktionary.org/wiki/Kolonie, Stand: 5.12.2019).

Unter den in derselben Quelle gebotenen Anwendungsbeispielen sind aber nur sehr wenige, die die Bedeutung 1) illustrieren (»Macao war dereinst eine portugiesische Kolonie.«) Exemplarisch gezeigt werden und als Überleitung zu Unterrichtsschritt 2.2 dienen kann VORLAGE 2 ***Deutsche Kolonien 1914***.

2.2 Eigenaktiver Wissenserwerb über Kolonialismus, Kolonialmächte sowie Strafkolonien

Unterrichtsschritt mit Erläuterungen. Dass es im Kern um die Bedeutung 1) geht, ist nun zu klären. Der in häuslicher Vorbereitung gelesene Text von Gerd Schumann (ARBEITSBLATT 1 ***Definition: »Kolonialismus«***), im Unterrichtsgespräch zusammengefasst, eröffnet ein Gespräch, das Kolonialismus erklärt und bewertet: Die Kolonialzeit beginnt in der frühen Neuzeit, wichtige Kolonialmächte mit starker Präsenz auf den Weltmeeren sind England, Spanien, Portugal, Frankreich, Russland und die Niederlande. Das Deutsche Kaiserreich (VORLAGE 2 ***Deutsche Kolonien 1914***) allerdings erwirbt erst sehr spät (ab 1884) Kolonien in Afrika (Kamerun, Togo, Neuguinea) und muss sie nach dem verlorenen Ersten Weltkrieg wieder abgeben. (In der relativ kurzen Zwischenzeit machen sich deutsche Kolonialherren dennoch des Genozids schuldig, v. a. an den Herero in Deutsch-Westafrika, heute Namibia.) Die typische Verflechtung politischer und militärischer mit wirtschaftlichen Interessen der jeweiligen Nation ist zu betonen; beiläufig kann die Verbreitung der jeweiligen Nationalsprache über andere Kontinente (bes. Nord- und Südamerika, Afrika) erwähnt werden. Dann werden arbeitsteilig drei Textauszüge zum Thema (ARBEITSBLATT 2a ***Strafkolonien in der Kolonialgeschichte Europas***, ARBEITSBLATT 2b ***Deportation von Strafgefangenen***, ARBEITSBLATT 2c ***Bericht eines Reisenden***) in Gruppen gelesen und diskutiert (in größeren Klassen wird jeder Text doppelt vergeben). Der Fokus liegt jetzt auf dem

UG / GA

ARBEITSBLATT 1 ➤ S. 9

VORLAGE 2 ➤ S. 12

ARBEITSBLATT 2a ➤ S. 14

ARBEITSBLATT 2b ➤ S. 15

ARBEITSBLATT 2c ➤ S. 16

VORLAGE 2

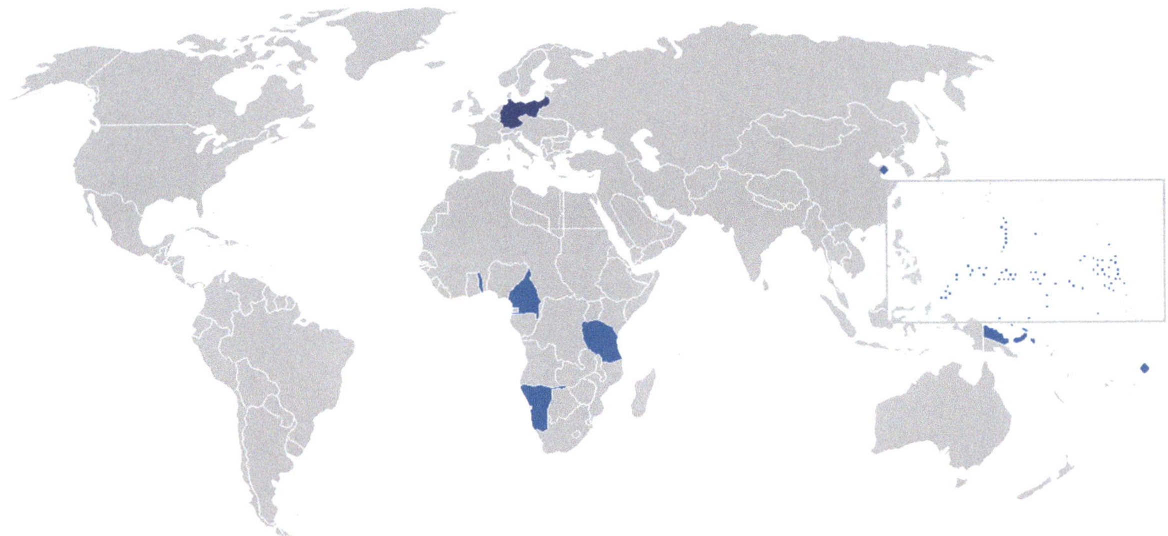

Deutsche Kolonien 1914. – CC BY-SA 3.0 / Wikimedia Commons

Konzept der Strafkolonie sowie auf der Deportation von Strafgefangenen aus den Mutterländern. Beiläufig wird geübt, Sachtexten zum Thema passende und das Vorwissen sinnvoll ergänzende Informationen zu entnehmen sowie diese für das Klassenplenum aufzubereiten.

2.3 Präsentationen und Abgleich mit den Ergebnissen der Text(anfangs-)Analyse aus der ersten Stunde

UG

Präsentationsmedium

Unterrichtsschritt mit Erläuterungen. Die gewonnenen Informationen und Einsichten werden nun im Klassenplenum vorgestellt und mit denjenigen aus der ersten Stunde abgeglichen. Mit Hilfe von Präsentationsmedien (Powerpoint, Flipchart, Whiteboard) stellen die Arbeitsgruppen, die dafür jeweils zwei Sprecher*innen gewählt haben, ihre Ergebnisse vor:

- Alle können den Begriff *Kolonialismus* (vgl. ARBEITSBLATT 1) erläutern und auf die Geschichte der europäischen Kolonialmächte beziehen.
- Die Bearbeiter*innen von ARBEITSBLATT 2a können Informationen und Einsichten zur Idee und Geschichte der *Strafkolonie* beisteuern.
- Die Bearbeiter*innen von ARBEITSBLATT 2b können weitere Informationen ergänzen, vor allem aber den auch in ARBEITSBLATT 2a benutzten Begriff *Deportation* näher erläutern.
- Die Bearbeiter*innen von ARBEITSBLATT 2c können die Situation in einer realen französischen Strafkolonie um die Wende zum 20. Jahrhundert aus der Sicht eines *Augenzeugen* schildern.

Das Vorgetragene wird vor dem Hintergrund des der Erzählung bereits Entnommenen eingeordnet und in seiner Brauchbarkeit für die weitere Texterschließung bewertet. Als ergiebig erweist sich die Unterrichtsstunde für das Verständnis der *Figuren*. So kann nun der Offizier als militärischer Vertreter einer Kolonialmacht (Frankreich) erkannt werden, der Kommandant als deren politischer Vertreter und Befehlshaber nicht nur des Offiziers, sondern des gesamten auf der Insel stationierten Militärs. Die Funktion eines Kommandanten allgemein kann nun bestimmt werden als eine doppelte: Zum einen soll er die Kolonie gegen Übergriffe (anderer Kolonialmächte mit eigenen politischen und ökonomischen Interessen) von außen schützen, zum andern im Innern eine Ordnung aufrechterhalten, die in Rechnung stellt, dass die Einwohner mehrheitlich Sträflinge aus dem Mutterland sind. Der »frühere Kommandant« kann verstanden werden als der erste von der Kolonialmacht eingesetzte und mit entsprechenden Vollmachten ausgestattete Befehlshaber, der fern des Mutterlandes eine Ordnung zu errichten hatte und der »Soldat, Richter, Konstrukteur, Chemiker, Zeichner« (S. 11) in Personalunion war.

Weniger ergibt sich für die gesammelten *offenen Fragen*. Diskutiert werden könnte zwar der mögliche Zweck der Forschungsreise, die den Fremden auf die Insel geführt hat. Die Antwort fiele aber im kulturhistorischen Kontext nur dann leicht, wenn die Erzählung erwähnen würde, dass er im Auftrag einer Instanz oder Institution des Mutterlandes unterwegs sei, was nicht der Fall ist. Dies sollte (unter 1.4) vermerkt werden: Wir wissen nur, welchen Auftrag er *nicht* hat (etwa die Einhaltung von Vorschriften zu militärischen, hygienischen oder anderen Standards zu überprüfen).

2.4 Ergänzung/Revision der gespeicherten Notizen in der Obhut der beiden ›Hüter*innen‹

Unterrichtsschritt. Die zweite Unterrichtsstunde schließt damit, dass die beiden in der ersten Stunde ernannten ›Hüter*innen‹ Vorschläge machen, was sie in ihren Notizen wo und wie ergänzen wollen, damit die gewonnenen Einsichten später in eine Gesamtdeutung eingehen können. Sollte sich in Bezug auf die Ergänzung oder Revision einer Notiz kein Konsens ergeben, oder sollte Zeitmangel eintreten, entscheiden die ›Hüter*innen‹.

UG

Datenträger (s. 1.5)

Hausaufgabe

1. Lektüre der Erzählung *In der Strafkolonie*, Reclam XL, bis S. 33, Z. 8.
*2. Knappe schriftliche Zusammenfassung des bis dahin Erzählten.

Strafkolonien in der Kolonialgeschichte Europas

»Was sind und zu welchem Ende gibt es ›Strafkolonien‹? Ist, wofür auf dem historischen Höhepunkt des europäischen Kolonialismus die wahrscheinlichste Lesart spricht, der Ausdruck ›Kolonie‹ im Sinne des vom kolonialen Mutterland distinkten überseeischen Besitztums zu verstehen, so kann dann auch das Kompositum ›Strafkolonie‹ als Terminus im zeitgenössischen Sinne aufgelöst werden, nämlich im Hinblick auf die Funktion der kolonialen Gebiete, als entlegene Sträflings-Zonen für deportierte Häftlinge zu dienen. Zonen, in welchen aufgrund ihrer natürlichen und klimatischen Beschaffenheit, aufgrund ihrer vermeintlich ›inferioren‹ Einwohnerschaft oder anderer mindernder Faktoren schon der bloße Aufenthalt als ›Strafe‹ anzusehen ist; in denen, und das ist wohl das Entscheidende, selbst Exzesse an spontaner wie an administrativ verfügter Gewalt bis hin zur kalkulierten Folter möglich sind, die vor dem Rechtsbewusstsein und den moralischen Normen der europäischen Öffentlichkeit nicht mehr zu rechtfertigen wären. […]

Der Ort des Geschehens ist ›isoliert‹ im Wortsinne, er braucht und er nutzt die entlegene Abgeschiedenheit. Durch natürliche Gegebenheiten, nicht durch künstliche Mauern oder Zäune wird das Gebiet auf eine Weise umgrenzt, die bei Delinquenten Fluchtgedanken kaum aufkommen lässt. […]. Das Merkmal größtmöglicher räumlicher Abgeschiedenheit und Isolation spricht dafür, in der bei Kafka beschriebenen Situation das leicht transponierte Abbild des Modells einer Häftlingsinsel zu sehen, wie sie insbesondere die Kolonialnation Frankreich Ende des 19. Jahrhunderts unterhielt. Die zu Strafzwecken verfügte Deportation verurteilter Delinquenten in überseeische Kolonialgebiete war schon seit dem frühneuzeitlichen Zeitalter der Entdeckungen gängige Praxis mehrerer europäischer Staaten, die berühmtesten Fallbeispiele sind die Sträflings-Deportationen nach Australien […].

Eine derartige Strafpraxis, die in bewusster Abkehr von den zivilisatorischen Standards Europas zu Misshandlung und Folter geradezu einlud, war offensichtlich nur denkbar und durchführbar innerhalb eines politischen Systems ›Kolonialismus‹, das in arbeitsteiliger Raumordnung funktionierte und sich in seinen überseeischen Gebieten auf all diejenigen Handlungen spezialisierte, die in Europa rechtlich unzulässig oder sozial tabuisiert waren.«

Alexander Honold: In der Strafkolonie. In: Bettina von Jagow / Oliver Jahraus (Hrsg.): Kafka-Handbuch. Leben – Werk – Wirkung. Göttingen: Vandenhoeck & Ruprecht, 2008. S. 477–503, hier: S. 484 f. [gekürzt].

4 **distinkt:** deutlich abgegrenzt | 10 **inferior:** unterlegen

Deportation von Strafgefangenen

»Die in der Antike übliche Strafe der Verbannung oder Deportation wurde in der Neuzeit hauptsächlich von drei Staaten ausgeübt: England, Rußland und Frankreich. In allen drei Fällen wurde die Strafe – im Gegensatz zur Antike – mit dem Zweck der Kolonisierung verbunden, der Besiedelung unbewohnter Gebiete, der Unterwerfung eroberter Länder. Deswegen der Name ›Strafkolonie‹. In diesen Strafkolonien mußten die Gefangenen in der Regel während der eigentlichen Strafzeit in befestigten und bewachten Lagern wohnen und die ihnen zugeteilten Arbeiten verrichten. Die Strafzeit wurde erlassen oder ermäßigt, wenn die Gefangenen sich verpflichteten, als Kolonisten im Land zu bleiben.

In Rußland wurden die zur Kolonisierung nach Sibirien Verbannten in drei Klassen eingeteilt: Die Arrestantenkompagnien (in Zuchthäusern oder Lagern lebend, mit Fußketten, den ›niedrigsten und entehrendsten Arbeiten zugeteilt‹), die Bergwerksarbeiter (rechtlos; ›die anstrengende Arbeit, schlechte Kost und üble Behandlung macht dem Leben dieser Elenden ein baldiges Ende‹) und die eigentlichen Kolonisten (nach zehn Jahren erhalten sie die gleichen Rechte wie die Bauern). Sinn dieser Klasseneinteilung war es, die Verurteilten zu einem ›Aufrücken‹ in den Kolonistenstatus zu veranlassen. Einer der bekanntesten Sträflinge war Fjodor Dostojewski, der 1849–59 in Sibirien lebte; seinen Bericht ›Aufzeichnungen aus einem Totenhaus‹ kannte Kafka.

England deportierte Strafgefangene seit dem 17. Jahrhundert nach den britisch-nordamerikanischen Kolonien. Eigentliche Strafkolonien wurden aber erst in Australien eingerichtet, um 1800 in Neusüdwales, auf Tasmanien und Norfolk. Es waren entweder bestimmte größere, aber bewachte Gebiete oder sogenannte ›Pönalstationen‹, feste Lager mit strenger Trennung von allen übrigen Einwohnern. Mitte des 19. Jahrhunderts wurde, wegen der Proteste der Siedler, die Deportation nach Südaustralien aufgegeben, um 1900, mit den Goldfunden, auch die nach Westaustralien. Für indische Sträflinge bestimmte die englische Justiz seit 1858, dem Jahr der Niederschlagung des Aufstandes der Spahi, der indischen Söldner, die Andamanen-Inseln.

Frankreich führte die Deportation 1810 ein, sie richtete sich fast ausschließlich gegen politische Gefangene. Die Revolutionäre von 1848 wurden nach Algerien verbannt, zum Teil auch ›dorthin, wo der Pfeffer wächst‹, nach Cayenne in Französisch-Guayana und den Cayenne vorgelagerten Inseln, so besonders der Teufelsinsel, die bis 1945 französische Strafkolonie blieb. Berühmtester Gefangener der Teufelsinsel, von 1894–99: Hauptmann Alfred Dreyfus. Seit 1864 war auch die Insel Neukaledonien (nordöstlich Australien) Strafkolonie: hierhin wurden 1871 die Überlebenden der Pariser Kommune deportiert.«

Klaus Wagenbach (Hrsg.): In der Strafkolonie. Eine Geschichte aus dem Jahre 1914. Berlin: Wagenbach, 1995. S. 69 f.

Bericht eines Reisenden

Der folgende Auszug stammt aus einem Reisebericht des deutschen Kriminologen Robert Heindl und schildert zwei Begegnungen in Sidney, kurz vor der Weiterreise des Autors zur französischen Strafkolonie Neukaledonien vor der australischen Ostküste.

»Ich hatte den ganzen Nachmittag bis zum späten Abend gepackt und fand, als ich dem roten Haus in der Philippstreet meinen täglichen Besuch abstattete, schon alle Bureaus geschlossen. Nur im Zimmer des unermüdlichen Subinspektors Man, des intelligentesten und ehrgeizigsten aller australischen Kriminalbeamten, brannte noch Licht und im Rapportsaal der Kriminalabteilung arbeiteten noch einige Geheimpolizisten an ihren ›reports‹ und ›notes‹ und ›informations‹.

In diesem Rapportsaal lernte ich meinen Reisegefährten kennen, der mit mir am andern Tag die Seefahrt von Sydney nach Neukaledonien antreten sollte. Es war ein kleiner, magerer Herr mit kranken geröteten Augen, mit einem blonden, ungepflegten Vollbart, abgetragenen dunklen Kleidern und einem schmierigen schwarzen Schlapphut, wie ihn die Leute im australischen Busche lieben […]: ›Vanhegen, Pierre, geb. zu Marseille am 25. Februar 1859 […], wegen Totschlags zur lebenslänglichen Deportation nach Neukaledonien verurteilt und jetzt wegen Flucht verfolgt.‹

Der Polizeichef von Sydney gab mir noch am Abend vor meiner Abreise nach Neukaledonien die Akten des wiedergefangenen Flüchtlings zur Einsicht, und Mr. Lerat, der französische Detektiv, der in der Kriminalabteilung der Sydneypolizei speziell die neukaledonischen Flüchtlinge behandelt und sie von Australien zurück nach Nouméa verfrachtet, vermittelte meine persönliche Bekanntschaft mit Vanhegen.

Ich war erstaunt und enttäuscht. Bisher hatte ich mir die Sträflinge Neukaledoniens als kräftige Burschen vorgestellt, denen die stete Pionierarbeit im Freien die Muskeln gestählt und die Haut gebräunt hat. Und nun sah ich ein menschliches Wrack, das zitternd und schwankend im bleichen Licht der Gasflammen vor mir stand. Wenn schon dieser Ausreißer ein so klägliches schlaffes Bild bot, wie mußten dann erst die anderen Repräsentanten der Strafkolonie aussehen, denen die Energie zur Flucht mangelte! Ich war mehr denn je gespannt, Neukaledonien und sein Elend kennen zu lernen und in die Mysterien jenes düsteren Lebens einzudringen, das mit dem bürgerlichen Tode beginnt. […]

6 Rapport: frz., dienstliche Meldung | **21 Nouméa:** Hauptstadt von Neukaledonien | **32 mit dem bürgerlichen Tode:** mit dem Verlust der Bürgerrechte

Mein Gespräch mit Lerat, der Neukaledonien wie seine Aktentasche kannte, und der mir an diesem Abend als willkommene Auskunftei erschien […]:

›Wie hausen die Verbannten?‹

›Les condamnés? Sie werden bald in ihrer Mitte sein. Der Kofferträger, der Ihr Gepäck am Landungsstege in Empfang nimmt und mit dem Trinkgeld unzufrieden ist, wird ein Deportierter sein. Im Hotel, im Café, beim Friseur, im Bad werden Sie von demselben Gezücht bedient. In vielen Privathäusern, bei allen Beamten, in den Regierungsgebäuden, in der Stadt, auf dem Lande. Im einsamsten ‚Busch' werden Sie auf das element pénal stoßen. Hier ist das Bagno überall. Es ist innig mit der übrigen Bevölkerung verquickt; es sitzt an unserem häuslichen Herd.

Sie bildeten sich wohl ein, daß die Missetäter wie in Frankreich von den ehrlichen Leuten getrennt seien? Sie wissen nicht, was eine Strafkolonie ist, und Sie haben keine Ahnung von den sozialen Phänomenen, die in Neukaledonien vorkommen.

Der Bagnard, wie wir sagen – man versteht unter diesem Wort ebensogut den Freigelassenen wie den Verbannten während der Strafzeit – der Bagnard erscheint uns nicht mehr in der beunruhigenden Beleuchtung, die ihm die Frische des Verbrechens gibt. Wenn er auch jenseits des Meeres fünf Millionen Leser ein paar Wochen lang in Atem hielt, so geht er doch hier in der Masse des element pénal unbemerkt unter.

Wenn ‚Jack der Aufschlitzer' käme, um unter uns zu leben, würde er nicht die geringste Neugierde erregen; selbst die hysterischste unserer Frauen würde bei seinem Anblick kaum erschaudern.

In gewissem Sinne fühlen sich diese wilden Tiere machtlos und das wissen wir; aber vor allem ist es Gewohnheitssache.

Stellen Sie sich vor, seit fünfzig Jahren ist das Bagno bei uns, oder besser gesagt sind wir bei ihm. […] Ich sage nicht, daß man zum gegenseitigen Verständnis gekommen ist, aber man hat sich ineinander gefunden. […]

Eines der Häuser von Nouméa, wo man am besten speist, hat einen Giftmischer als Koch. Der Sträfling M…, der lebenslänglich verurteilt wurde, weil er sein eigenes Kind in der Wiege erdrosselte, versieht bei einem meiner Freunde das einer – allerdings trockenen – Amme und man kann seine Fürsorge für die Kinder anderer Leute nur loben. […]‹«

Robert Heindl: Meine Reise nach den Strafkolonien. Berlin: Ullstein, 1913. S. 3–6 [gekürzt].

44 Bagno: frz., Strafanstalt | **51 Bagnard:** frz., Sträfling | **56 element pénal:** frz., Straftäter

3 Den Reisenden und den Offizier einander gegenüberstellen

Sachanalyse

Die beiden zentralen Figuren der Erzählung kontrastieren stark miteinander. Der Reisende ist nur auf den ersten Blick seiner offensichtlich europäischen Herkunft wegen die zugänglichere Figur; tatsächlich bleibt der Zweck seines Besuchs auf der Insel im Dunkeln. Er scheint zunächst nur aus Höflichkeit der Einladung gefolgt zu sein, einer Exekution beizuwohnen, entwickelt »wenig Sinn für den Apparat« und wirkt »fast sichtbar unbeteiligt« (S. 5). Wo wir durch das narrative Mittel der erlebten Rede Einblick in seine Gedankenwelt bekommen, lässt er keinen Zweifel daran, dass er zwar auf Zustände gefasst war, die mit Maßstäben europäischer Zivilisation schwer vereinbar sind (vgl. S. 14), aber an rechtsstaatlichen Grundsätzen und den Menschenrechten festhalten will (vgl. S. 21). Gleichzeitig scheut er sich aber davor, als Ausländer »in fremde Verhältnisse entscheidend einzugreifen« (S. 20). Unklar bleibt, ob seine Meinung wirklich nur »die Meinung eines Privatmannes« (S. 27) ist oder ob dies lediglich eine Schutzbehauptung gegenüber dem amtierenden Kommandanten darstellt, der eine Positionierung gegen die Exekutionen mit Hilfe des »Apparats« zu erwarten scheint. In jedem Fall will der Reisende sich auf die vorgefundenen Verhältnisse nicht wirklich einlassen. Er sei nur »ein paar Tage« auf der Insel (vgl. S. 23) und fühle sich als Gast zur Zurückhaltung verpflichtet. Außerdem ist er vielleicht doch nicht die Autorität, zu der die Rhetorik des Offiziers ihn macht (vgl. S. 30).[1] Als diese nicht verfängt, wechselt der Offizier die Taktik und wirft ihm vor, »in europäischen Anschauungen befangen« (S. 26) zu sein. Festzuhalten ist jedenfalls: »Jener Forschungsreisende, der die ins Zwielicht geratene Strafpraxis in überseeischen Kolonialgebieten durch eigene Anschauung erkunden und von neutraler Warte aus überprüfen soll, ist keine wirklichkeitsferne Fiktion Kafkas.«[2] Es existieren zeitgenössische Vorbilder zu dieser Figur und es gibt eine Deutung der Erzählung, die von dieser Wirklichkeitsreferenz ausgeht.[3]

Der Antagonist des Reisenden ist der Offizier, also zunächst Militär, dem die Uniform »die Heimat« bedeutet (S. 6), aber nicht nur: Trotz seiner Jugend »zum Richter bestellt« (S. 12), fühlt er sich als »der einzige Vertreter des Erbes des alten Kommandanten« (S. 22), den er sehr verehrt. Über Funktionsweise des Apparates und Ablauf der Exekution spricht er sachlich und fast gefühllos, um dann allerdings auffallend emphatisch deren Ergebnis zu schildern (»Verstand geht dem Blödesten auf«, S. 18).

Der Offizier verteidigt als Letzter die Strafpraxis der Kolonie und ahnt, dass er auf verlorenem Posten steht. Gern spricht er von den guten alten Zeiten, in denen jede Exekution ein öffentlich geteiltes Erlebnis war. Der Reisende wäre seine letzte Hoffnung, sofern er ihn denn auf seine Seite ziehen könnte. Allerdings will der neue Kommandant offenbar das Gleiche (»Trotzdem seine Macht groß genug wäre, um gegen mich einzuschreiten, wagt er es noch nicht, wohl aber will er mich Ihrem, dem Urteil eines angesehenen Fremden aussetzen«, S. 25). Der Offizier umwirbt den Reisenden und scheitert daran; in der Konsequenz ändern im Lauf der Erzählung beide ihre Haltung. Will der Reisende seine negative Meinung über den »Apparat« und die Exekutionen dem ›neuen Kommandanten‹ mitteilen, wenn auch nur »unter vier Augen« (S. 32), so ist dem Offizier das zu wenig an Unterstützung, und er kündigt mit dem Satz »Dann ist es also Zeit« (S. 33) seinen Entschluss an, die letzte Exekution an sich selbst vorzunehmen. Daraufhin beschließt der Reisende dabeizubleiben, aber »sich nicht zu rühren« (S. 38), um am Ende fluchtartig den Schauplatz und wenig später die Insel ohne jede Meinungsäußerung zu verlassen.

1 Die Kafka-Forschung (vgl. die beiden folgenden Anmerkungen) verweist auf den deutschen Kriminologen Robert Heindl, dessen 1913 erschienenen Reisebericht *Meine Reise nach den Strafkolonien* (Nachdruck Treuchtlingen 2015) Kafka gekannt haben könnte (vgl. den Textauszug zur 2. Unterrichtsstunde).

2 Alexander Honold, »In der Strafkolonie«, in: Bettina von Jagow / Oliver Jahraus (Hrsg.), *Kafka-Handbuch. Leben – Werk – Wirkung*, Göttingen 2008, S. 485.

3 Vgl. Walter Müller-Seidel, *Die Deportation des Menschen. Kafkas Erzählung »In der Strafkolonie« im europäischen Kontext*, Stuttgart 1986, S. 50–71.

Unterrichtsverlauf

Überblick. Auf der Basis der Lektüre bis S. 33 fokussiert die Unterrichtseinheit die beiden zentralen Figuren zunächst textorientiert-analytisch, dann aber auch mit einem handlungsorientierten (szenischen) Verfahren. Es wird geklärt, dass beide das Gespräch mit einer vorgefassten Meinung und aus dieser jeweils hervorgehenden Intention beginnen, über die sie einander indessen lange im Unklaren lassen. Das wachsende Verständnis für die Gegenseite und die Unvereinbarkeit der Positionen bringt schließlich eine doppelte Haltungsänderung hervor und führt das schockierende Ende herbei. Dieser Vorgang wird durch ein Rollenspiel nachvollzogen.

Phase	Thema	Sozialform	Kompetenzen und Lernziele	Materialien
Voraussetzungen: Kenntnis des Textes bis S. 33, Z. 8				
3.1	Kurze Rekapitulation des bisherigen Wissens über die Hauptfiguren	UG	• Kenntnisstand zusammenfassen	Datenträger (s. 1.5)
3.2	Erarbeitung von zwei Figurencharakteristiken	GA	• Inhalt, Aufbau und sprachliche Gestaltung eines literarischen Textes analysieren	
3.3	Reisender vs. Offizier – Gegenüberstellung der beiden zentralen Figuren	UG	• Sinnzusammenhänge zwischen einzelnen Einheiten des literarischen Textes herstellen • Eine Figurenanalyse nachvollziehen und mitgestalten	TAFELBILD 3 ➤ S. 20 Datenträger (s. 1.5)
3.4	Vorbereitung eines literarischen Rollenspiels	LV / UG	• Grundlagen der szenischen Improvisation kennenlernen und erproben	VORLAGE 3 ➤ S. 21
3.5	Inszenierung des zentralen Konflikts (literarisches Rollenspiel)	UG	• In unterschiedlichen Rollen kommunikativ handeln und dabei nonverbale sowie stimmliche Mittel bewusst nutzen • Ausdrucksmittel des Theaters zur gestaltenden Analyse eines Konflikts im Text heranziehen • Verständnis literarischer Figuren szenisch ausarbeiten • Ergebnisse eines szenischen Verfahrens diskutieren und bewerten	
3.6	Ergänzung/Revision der gespeicherten Notizen	UG	• Kenntnisstand zusammenfassen und neues Wissen ergänzen	Datenträger (s. 1.5)
HA	Lektüre			*In der Strafkolonie*, Reclam XL, S. 33, Z. 9 bis Schluss

3.1 Kurze Rekapitulation des bisherigen Wissens über die Hauptfiguren

Unterrichtsschritt. Zunächst rekapituliert der/die Lernende mit der Aufgabe, das Wissen über die Figuren zu hüten (s. Unterrichtsschritt 1.5, S. 7), was aus seinen/ihren Unterlagen bis jetzt hervorgeht, und macht eigene Vorschläge zu deren Ergänzung. UG

Datenträger (s. 1.5)

3.2 Erarbeitung von zwei Figurencharakteristiken

GA

Unterrichtsschritt. Dann wird dies auf der Basis der inzwischen erfolgten Textlektüre bis S. 33 in Gruppenarbeit diskutiert und in (je) eine Charakteristik eingebracht. Berücksichtigt werden Persönlichkeitsmerkmale, Weltbild, sowie jeweils einige wichtige Äußerungen in wörtlicher Rede.

Erläuterungen. Es ergibt sich, dass hier zwei sehr unterschiedliche Figuren aufeinandertreffen, die durch Gegensatzpaare zu fassen sind:
- Militär vs. Zivilist,
- Kolonist ›fern der Heimat‹ vs. vermutlich an einer urbanen Zivilisation orientierter Mitteleuropäer,
- entschlossener Mann der Tat vs. zögerlicher Mann der Gelehrsamkeit.

3.3 Reisender vs. Offizier – Gegenüberstellung der beiden zentralen Figuren

UG

TAFELBILD 3
➤ S. 20
Datenträger (s. 1.5)

Unterrichtsschritt. Dieser Stand der Diskussion wird nun in das TAFELBILD 3 gefasst, das die Notizen des/der ›Hüters/Hüterin des Wissens‹ ergänzt und in diese übernommen werden soll.

TAFELBILD 3

Der Reisende	Der Offizier
• Zivilist • an einer v. a. urbanen Zivilisation orientierter Mitteleuropäer • zögerlicher Mann der Gelehrsamkeit	• Militär • Kolonist ›fern der Heimat‹ • entschlossener Mann der Tat
• folgt der Einladung zur Exekution »nur aus Höflichkeit« und entwickelt zunächst »wenig Sinn für den Apparat« (S. 5) • »Immerhin musste er sich sagen, dass es sich hier um eine Strafkolonie handelte« (S. 14) • »Die Ungerechtigkeit des Verfahrens und die Unmenschlichkeit der Exekution war zweifellos« (S. 21) • scheut als Ausländer davor zurück, »in fremde Verhältnisse entscheidend einzugreifen« (S. 20) • Ist seine Meinung nur die »eines Privatmannes« (S. 27)? • Oder ist er doch ein Forschungsreisender mit einem Auftrag (vgl. S. 30)?	• die Uniform bedeutet ihm »die Heimat« (S. 6) • behandelt die Handzeichnungen des früheren Kommandanten mit Ehrfurcht (zweimaliges Händewaschen, vgl. S. 10 f.) • trotz seiner Jugend »zum Richter bestellt« (S. 12), fühlt sich als »der einzige Vertreter des Erbes des alten Kommandanten« (S. 22) und agiert nach dessen Grundsatz »die Schuld ist immer zweifellos« (S. 12) • spricht ohne Gefühl über die Exekution: »Es darf natürlich keine einfache Schrift sein; sie soll ja nicht sofort töten« (S. 17) • wirkt aber fasziniert von dem Prozess: »Verstand geht dem Blödesten auf. […] Ein Anblick, der einen verführen könnte, sich mit unter die Egge zu legen.« (S. 18)

3.4 Vorbereitung einer szenischen Improvisation

Unterrichtsschritt mit Erläuterungen. Das szenische Verfahren, in dem das nun gewonnene Figuren- bzw. Rollenverständnis im nächsten Schritt anhand der Szene S. 25, Z. 19 – S. 33, Z. 8 erprobt und vertieft werden soll, bedarf einer Einführung: Es geht nicht darum, den Dialogtext aus der Erzählung wie auf einer gedachten Bühne wirkungsvoll ›abzuliefern‹, sondern darum, die Dynamik des Streits über den »Apparat« aus einer sich verändernden Haltung der Figuren heraus zu entwickeln. Vorbereitend wird in einem Lehrervortrag das theaterpädagogische Konzept des »Status« erläutert: »Der Status ist ein Konzept, das auf den Improvisationstheaterpionier Keith Johnstone zurückgeht. Der Begriff betont, dass jede Figur eine unterschiedlich hohe oder tiefe Stellung in der Gesellschaft hat, einen ›Hoch- oder Tiefstatus‹ und dass dieser im Spiel bewusst verändert werden kann.« (Thomas Richhardt, *Szenisches Schreiben im Unterricht. Minidramen, Szene, Stücke selber schreiben*, Seelze 2011, S. 36). Dramatische Szenen leben von der Statusdifferenz, in der sich ein Konflikt zeigt. ›Hochstatus‹ und ›Tiefstatus‹ sind dabei nicht unveränderlich (es geht nicht um einen soziologischen Statusbegriff!), sondern Ergebnis eines Ringens um die Macht, die vor allem Definitionsmacht über die Wirklichkeit und Verfügung über den jeweils andern ist. In der szenischen Improvisation muss ein Status und ggf. seine Veränderung innerhalb der Szene sichtbar gemacht werden – einerseits für das Publikum, anderseits aber für die Mitspieler*innen. Die Aufgabe, ›Hochstatus‹ zu spielen, ist lösbar, indem Gestik, Mimik, Körperhaltung und Raumverhalten bewusst darauf ausgerichtet werden, Überlegenheit zu zeigen (straffe und aufrechte Körperhaltung, raumgreifende Schritte, Abstand zum Gegenüber, ruhiges Halten des Blickkontakts oder Wegsehen). Komplementäre Signale sendet der ›Tiefstatus‹-Spieler aus (zusammengesunkenes Stehen oder Sitzen, schräge Kopfhaltung, häufiges Nicken, Fixierung auf den andern, auch wenn dieser wegsieht, Versuch diesem näherzukommen (»Der Offizier sah ununterbrochen den Reisenden von der Seite an […]«, S. 19) usw. Diese Ausdrucksmittel können zunächst in einer alltagsnahen Szene demonstriert werden (z. B.: ein Schüler entschuldigt sich dafür, keine Hausaufgaben vorweisen zu können), wobei ein Tausch von Hoch- und Tiefstatus schnell zeigt, wie wichtig Status für eine Szene ist. LV / UG

VORLAGE 3

➤ S. 21

Nach dieser Vorbereitung werden zwei Spieler gefunden, die den Reisenden und den Offizier verkörpern; die Szene wird so angelegt, dass der Offizier im Hoch-, der Reisende aber im Tiefstatus beginnt. Die beiden agieren vor dem Apparat, der imaginiert werden muss (wobei eine erneute Projektion der Zeichnung aus der vorigen Unterrichtseinheit helfen kann). Im Lauf der Szene versuchen beide sich dem Status des jeweils andern zu nähern, und man wird sehen, wie die Szene ›kippt‹. (Keith Johnstone, der die Statusübungen entwickelt hat, verwendet dafür die Metapher der »Wippschaukel«, vgl. K. J., *IMPRO. Improvisation and the Theatre*, London 1981; dt. u. d. T.: *Improvisation und Theater*, Berlin 2018, S. 37 f.)

Wichtig ist, dass die Spieler *nicht versuchen, den Text genau wiederzugeben*, sondern ihre eigenen Worte wählen und das Gespräch improvisieren. Der Konflikt soll gestisch, mimisch und körpersprachlich herausgearbeitet werden. Das TAFELBILD 3 aus Schritt 3.3 kann stehenbleiben, so dass die die Spieler*innen sich an den Figurencharakteristiken orientieren können. Unterstützend können sie je ein Kärtchen in die Hand bekommen VORLAGE 3 ***Hochstatus / Tiefstatus***).

VORLAGE 3

Hochstatus / Tiefstatus

Hochstatus	Tiefstatus
Steh aufrecht und sprich mit ruhiger, fester Stimme. Du stehst mit beiden Beinen auf dem Boden. Nichts wirft dich um.	*Du musst dich vorsichtig bewegen – man weiß nie, ob man erwünscht ist oder alles richtig macht.*
Der Raum gehört dir. Verfüge darüber.	*Pass auf, wo du hintrittst oder dich hinsetzt.*
Schau dein Gegenüber nicht an, während du sprichst (das hast du nicht nötig).	*Suche immer den Blickkontakt, wenn du redest – du weißt nicht, wie dein Gegenüber reagieren wird.*

3.5 Inszenierung des zentralen Konflikts (literarisches Rollenspiel)

UG

Unterrichtsschritt mit Erläuterungen. Für das Rollenspiel ist der Textabschnitt zentral, in dem der Offizier die seiner Ansicht nach verwerflichen Absichten des ›neuen Kommandanten‹ erklärt, an den Reisenden um Beistand appelliert und von diesem zurückgewiesen wird (S. 25, Z. 19 – S. 33, Z. 12). Während das Gespräch vorher immer wieder durch das Hantieren des Offiziers an der Maschine oder am Delinquenten unterbrochen war, wird es nun durch nichts mehr gestört; die beiden anderen Figuren scheinen völlig ausgeblendet. Wird die Szene nur bis zu der Stelle improvisiert, an der der Offizier ankündigt, sich selbst in den »Apparat« zu legen, so endet sie mit Hochstatus für den Reisenden. Angesichts der Schwierigkeit, den weiteren Verlauf zu spielen, wird man es dabei belassen wollen. In der Auswertung des Spielversuchs (ggf. auch mehrerer Versuche verschiedener Spieler*innen) wird man aber darauf hinweisen, dass sich im Folgenden unweigerlich erneut ein Statustausch ergäbe: Die panische Flucht des Reisenden könnte nicht im Hochstatus gespielt werden; diesen müsste er an den Offizier abgeben, der seine Überlegenheit zurückgewinnt, indem er sich für die Idee einer Strafe ohne Urteil und Begründung opfert.

3.6 Ergänzung/Revision der gespeicherten Notizen

UG

Datenträger (s. 1.5)

Unterrichtsschritt mit Erläuterungen. Während die Aufzeichnungen über die zentralen Figuren gut ergänzt werden konnten, gilt dies nicht für alle seit der 1. Unterrichtsstunde offenen Fragen (Unterrichtsschritt 1.4, S. 7); einige können beantwortet werden (*kursiv*), andere bleiben weiterhin offen. Es lohnt dennoch, auch deren ›Hüter*innen‹ zu Wort kommen zu lassen.

- Die Schuld des Verurteilten *besteht weniger in der eher geringfügigen Verfehlung (Einschlafen im Dienst) als in seiner Weigerung, Reue zu zeigen.*
- Wie lautet das Urteil? *Dass in der Rechtsordnung des »alten Kommandanten« die Schuld »immer zweifellos« ist, macht eine Urteilsbegründung überflüssig*
- Wer war der »frühere Kommandant« wirklich? *Wir kennen ihn nur aus der Sicht des Offiziers, der ihn verehrt und alle seine Einrichtungen verteidigt; aus dieser Sicht scheint er genial gewesen zu sein, aus der Sicht des Reisenden wirkt er aber eher wie ein Alleinherrscher mit sadistischen Zügen.*
- Wie exekutiert der »Apparat« die Verurteilten?
- Was ist der Zweck der Forschungsreise, die den Fremden auf die Insel geführt hat? (Wenn er ein Experte ist, wofür?)

Hausaufgabe

Lektüre der Erzählung *In der Strafkolonie*, Reclam XL, S. 33, Z. 9 bis Schluss.

4 Den »Apparat« und seine Bedeutung erschließen

Sachanalyse

Der Apparat, »eine Erfindung unseres früheren Kommandanten« (*In der Strafkolonie*, Reclam XL, S. 7), soll zwölf Stunden ununterbrochen in Gang sein (vgl. S. 6), arbeitet aber nicht immer störungsfrei und ist insgesamt in keinem guten Zustand mehr (der Offizier berichtet von einem absichtlich herbeigeführten Mangel an Ersatzteilen). Zentral ist der (entsprechend genau beschriebene) Vorgang des Einschreibens. Die vom ›alten Kommandanten‹ hierfür entworfene Schrift ist »sehr kunstvoll«, aber nicht zu »entziffern« (vgl. S. 16 f.). Mit den Augen kann sie auch gar nicht gelesen werden; der Verurteilte entziffert sie »mit den Wunden« (S. 19). Die Schrift ist »keine Schönschrift für Schulkinder« (S. 17) und in ihrer ornamentalen Anlage eher eine »Inschrift« (S. 15) als eine an jemand Bestimmten (z. B. einen Delinquenten) gerichtete Botschaft. Sie wird zunächst oberflächlich in die Haut gestochen wie ein Tattoo und im Lauf von zwölf Stunden immer weiter »vertieft« (vgl. S. 18). – Die Unterrichtseinheit betrachtet den Apparat zum einen als »Foltermaschine« (Sven Kramer), zum andern aber als »Schreibmaschine« (Oliver Jahraus). Für beide Bedeutungszuschreibungen werden Quellen aus der Kafka-Forschung herangezogen.

Unterrichtsverlauf

Überblick. Nachdem bisher der Schauplatz, die Handlung und ihre Akteure im Mittelpunkt des Unterrichts standen, befasst sich die 4. Stunde, die erstmals die Kenntnis des gesamten Textes voraussetzt, mit dem »Apparat«, vor und an dem sich fast die gesamte Handlung abspielt. Die Lernenden formulieren Vermutungen zu seiner Bedeutung und suchen im Text nach Belegen für diese. Sie erproben szenisch angemessene Weisen des Sprechens über den Apparat und werten Auszüge aus zwei Texten aus, in denen der Apparat als das heimliche Zentrum der Erzählung gesehen wird; schließlich ergänzen sie wiederum die Notizen, die in der 1. Stunde angelegt wurden. **! Verkürzter Verlauf: 4.1 – 4.2 – 4.3 – 4.5 – 4.6**

Phase	Thema	Sozialform	Kompetenzen und Lernziele	Materialien
Voraussetzungen: Kenntnis des gesamten Textes				
4.1	Mutmaßungen über die Bedeutung des »Apparats«	UG	• Ein Bild genau wahrnehmen, beschreiben und deuten • Ein Bild als Illustration zu einem Text ›lesen‹ und beurteilen • Sich einen kulturgeschichtlich bedeutsamen Begriff mit Hilfe einer Definition erschließen	VORLAGE 4a ➤ S. 24 VORLAGE 4b ➤ S. 25
4.2	Suche nach Textbelegen für Aufbau und Funktionsweise des »Apparats«	EA	• ›Textnahes Lesen‹ zur Vorbereitung eines Gesprächs über einen wichtigen Aspekt des literarischen Textes nutzen	
4.3	Gemeinsame Erstellung einer Übersicht	UG	• Mit eigenen Arbeitsergebnissen zu einem Auswertungsgespräch beitragen	
4.4 **fakultativ**	Der Offizier und sein Verhältnis zum »Apparat«	GA	• Einen Text in eigener Sprechfassung szenisch interpretieren • Eine Sprechfassung als Resultat und Ausdruck von Interpretation wahrnehmen und beurteilen	ARBEITSBLATT 4a ➤ S. 27
4.5	Der »Apparat« als Folter- und Schreibmaschine	PA	• Einen komplexen Fachtext mit Hilfe von Lesestrategien selbstständig erschließen und auswerten	ARBEITSBLATT 4b ➤ S. 28 ARBEITSBLATT 4c ➤ S. 29

4.6	Zusammenfassung und Sicherung	UG	• Arbeitsergebnisse mit vorliegenden Erkenntnissen abgleichen und für die spätere Verwendung im Rahmen eines Interpretationsgesprächs sichern	Datenträger (s. 1.5)

4.1 Mutmaßungen über die Bedeutung des »Apparats«

UG

VORLAGE 4a

➤ S. 24

VORLAGE 4b

➤ S. 25

Unterrichtsschritt mit Erläuterungen. Erste Mutmaßungen über den »Apparat« werden von zwei Bildimpulsen ausgelöst: Die Comiczeichnung von Robert Crumb (*In der Strafkolonie*, Reclam XL, S. 66) deutet in der unterschiedlichen Haltung der beiden Figuren angesichts der Maschine das Problem an, wie verschieden diese wahrgenommen werden: Für den einen technische Errungenschaft, ist sie für den anderen eher eine Foltermaschine. Dieser Aspekt wird im Unterrichtsgespräch durch die Projektion und Besprechung einer Definition von »Folter« vertieft (VORLAGE 4a ***Zur Definition von Folter***). Ein Panel aus der Graphic Novel von Ricard und Maël (VORLAGE 4b ***Sylvain Ricard / Maël, »In der Strafkolonie nach Franz Kafka«***) visualisiert die Erklärung des »Apparats« durch den Offizier aus der Perspektive des Reisenden (*point of view shot*).

VORLAGE 4a

Zur Definition von Folter

Die Allgemeine Erklärung der Menschenrechte vom 10.12.1948 schreibt das Folterverbot vor: »Niemand darf der Folter oder grausamer, unmenschlicher oder erniedrigender Behandlung oder Strafe unterworfen werden«. Unter Folter versteht die UN-Konvention »jede Handlung, durch die einer Person vorsätzlich große körperliche oder seelische Schmerzen oder Leiden zugefügt werden, zum Beispiel um von ihr oder einem Dritten eine Aussage oder ein Geständnis zu erlangen, um sie für eine tatsächlich oder mutmaßlich von ihr oder einem Dritten begangene Tat zu bestrafen oder um sie oder einen Dritten einzuschüchtern oder zu nötigen, oder aus einem anderen, auf irgendeiner Art von Diskriminierung beruhenden Grund, wenn diese Schmerzen oder Leiden von einem Angehörigen des öffentlichen Dienstes oder einer anderen in amtlicher Eigenschaft handelnden Person, auf deren Veranlassung oder mit deren ausdrücklichem oder stillschweigendem Einverständnis verursacht werden«.

Zentral für den Begriff der Folter sind […] zwei Elemente: erstens die Zufügung großer Schmerzen oder Leiden, zweitens die Täterschaft der Obrigkeit. Dadurch wird die Folter von privaten Formen der Grausamkeit unterschieden.

Sven Kramer: Die Folter in der Literatur. Ihre Darstellung in der deutschsprachigen Erzählprosa von 1740 bis ›nach Auschwitz‹. München: Fink, 2004. S. 14 f. [Anmerkungen getilgt].

4.2 Suche nach Textbelegen für Aufbau und Funktionsweise des »Apparats«

EA

Unterrichtsschritt mit Erläuterungen. In Stillarbeit suchen die Schüler*innen nach Textbelegen für Aufbau und Funktionsweise des »Apparats«. Die Lehrkraft kann darauf hinweisen, dass besonders zwei Textpartien zu durchsuchen sind: *In der Strafkolonie*, Reclam XL, S. 8, Z. 19 – S. 12, Z. 6 sowie S. 14, Z. 24 – S. 19, Z. 7. (*) Eine anspruchsvollere Aufgabe ergibt sich, wenn auf diese Angaben verzichtet wird.

4.3 Gemeinsame Erstellung einer Übersicht

UG

Unterrichtsschritt mit Erläuterungen. Die Lerngruppe verständigt sich über die Arbeitsergebnisse. Diese werden in eine Übersicht überführt, mögliche Präsentationsmedien: Tafel, Folie, Whiteboard. Die Ergebnisse orientieren sich an ARBEITSBLATT 4a (siehe Unterrichtsschritt 4.4).

VORLAGE 4b

In der Strafkolonie nach Franz Kafka, Graphic Novel von Sylvain Ricard und Maël, München: Knesebeck Verlag, 2012, S. 7, frz. Originalausg.: *Dans la colonie pénitentiare, de Franz Kafka*, Paris: Delcourt, 2007. –

4.4 Der Offizier und sein Verhältnis zum »Apparat« (fakultativ)

GA

Unterrichtsschritt mit Erläuterungen. Als Musterlösung für den vorangegangenen Unterrichtsschritt 4.3 und gleichzeitig als Vorlage für ein szenisches Verfahren, das nun der Vertiefung dient, erhalten die Lernenden nun das ARBEITSBLATT 4a ***Der Offizier erklärt den Apparat***, das mit Hilfe eines Auszugs aus einer von Heiner Müller geschaffenen Bühnenfassung der Erzählung (»In der Strafkolonie. Nach Franz Kafka«) erstellt wurde. Jeweils zu viert oder fünft erarbeiten sie eine Sprechfassung dieses Textes, die den Habitus des Offiziers, so wie sie ihn sich vorstellen, auch gestisch und mimisch umsetzt. Für den Vortrag der Sprechfassung im Klassenplenum wählen sie schließlich ein Gruppenmitglied aus. Dieses trägt auch die Kommentierung vor, die die Gruppe ihrer Fassung mitgeben möchte. Denkbar sind mindestens folgende Varianten:

ARBEITSBLATT 4a ➤ S. 27

- *emotionslos, unbeteiligt, kalt* (der Offizier ist selbst Teil des »Apparats« und verrichtet die für ihn vorgesehene Arbeit, ohne darüber nachzudenken)
- *stolz, eifrig, begeistert* (der Offizier hält die einmalige Exekutionsmaschine für eine geniale Erfindung, an deren Entwicklung er in aller Bescheidenheit beteiligt war)
- *ernst, fast pathetisch, um Verständnis bittend* (der Offizier ist sich der Ungeheuerlichkeit des Vorgangs, den er beschreibt, sehr wohl bewusst, bemüht sich aber um Akzeptanz bei seinen Zuhörern)

Für alle drei Sprechfassungen gibt es Hinweise im Text (vgl. die Unterrichtsschritte 4.2 und 4.3). Es geht in dieser Unterrichtseinheit noch nicht darum, sie in ihrer Angemessenheit oder Überzeugungskraft zu bewerten (dazu bedürfte es eines Interpretationsansatzes, wie er erst in der 6. Stunde abschließend entwickelt werden soll); es geht darum, den Offizier, der den »Apparat« bedient, wartet und verteidigt, in der Vielschichtigkeit dieser Rolle zu zeigen und nicht bereits auf ein einziges Rollenverständnis festzulegen.

Hinweis 1: Für diesen Unterrichtsschritt wäre es gut, wenn verschiedene Orte im Schulgebäude zur Verfügung stünden, so dass die Gruppen sich nicht gegenseitig stören oder beeinflussen.

Hinweis 2: Der Schritt kann bei Zeitmangel entfallen; das Arbeitsblatt dient dann als Musterlösung für 4.3.

4.5 Der »Apparat« als Folter- und Schreibmaschine

PA

ARBEITSBLATT 4b ➤ S. 28

ARBEITSBLATT 4c ➤ S. 29

Unterrichtsschritt mit Erläuterungen. In Partnerarbeit setzen die Lernenden sich je zur Hälfte mit einem Auszug aus der Monografie von Sven Kramer zur Folter in der Literatur (ARBEITSBLATT 4b) und einem Auszug aus dem Aufsatz »Eine Schreibmaschine« von Oliver Jahraus (ARBEITSBLATT 4c , auch in Reclam XL, S. 67 f.) auseinander und informieren einander danach über ihre Lektüre. Kramer bringt Kafkas »Apparat« mit der Tradition der Folterinstrumente und -maschinen seit der frühen Neuzeit in Verbindung, und Jahraus vertritt die These, es gehe Kafka um eine »absolute Schrift«, die nicht mehr gedeutet zu werden braucht.

4.6 Zusammenfassung und Sicherung

UG

Datenträger (s. 1.5)

Unterrichtsschritt mit Erläuterungen. Der Schritt ist notwendig, weil die Verständigung über die erschlossenen beiden Quellen noch nicht im Klassenplenum stattgefunden hat. Es ist bei einer zusammenfassenden Sicherung wichtig, nicht den Eindruck entstehen zu lassen, man habe sich zwischen diesen beiden ›Lesarten‹ des »Apparats« zu entscheiden. Die eine widerlegt keineswegs die andere; beide können erst später (6. Stunde) in ihrer Relevanz für eine Gesamtdeutung bewertet werden.

Ergänzt werden kann aber die Sammlung der »offenen Fragen«, für die der/die ›Hüter/in des Unwissens‹ zuständig ist. Die dort bisher noch nicht bearbeitete Frage lautet:

- Wie exekutiert der »Apparat« die Verurteilten, und was ist überhaupt der Sinn des »Apparats«?

Die Ergänzung wird etwa so aussehen: »Der ›Apparat‹ lässt die Verurteilten systematisch verbluten. Er ist eine fantastische Maschine, die aber durchaus an historisch existierende Foltermaschinen erinnert und außerdem an die im 19. Jahrhundert sich verbreitende mechanische Schreibmaschine.«

Der Offizier erklärt den Apparat

»Es ist ein eigentümlicher Apparat. Er besteht aus drei Teilen.

Es haben sich im Laufe der Zeit für jeden dieser Teile gewissermaßen volkstümliche Bezeichnungen ausgebildet. Der untere heißt das Bett. Der obere heißt der Zeichner. Und der mittlere, schwebende Teil heißt die Egge.

Die Nadeln sind eggenartig angeordnet, auch wird das Ganze wie eine Egge geführt, wenn auch bloß auf einem Platz und viel kunstgemäßer. Hier auf das Bett wird der Verurteilte gelegt.

Es ist ganz und gar mit einer Watteschicht bedeckt.

Auf diese Watte wird der Verurteilte bäuchlings gelegt, natürlich nackt. Hier sind für die Hände, hier für die Füße, hier für den Hals Riemen, um ihn festzuschnallen. Am Kopfende des Bettes, wo der Mann zuerst mit dem Gesicht aufliegt, ist dieser kleine Filzstumpf, der leicht so reguliert werden kann, daß er dem Mann gerade in den Mund dringt. Er hat den Zweck, am Schreien und am Zerbeißen der Zunge zu hindern. Natürlich muß der Mann den Filz aufnehmen, da ihm sonst durch den Halsriemen das Genick gebrochen wird.«

Heiner Müller: In der Strafkolonie. Nach Franz Kafka.
In: H. M.: Werke. Tl. 2: Die Prosa. Hrsg. von Frank Hörnigk.
Frankfurt a. M.: Suhrkamp, 1999. S. 132–135, hier: S. 132.

Arbeitsaufträge:

1. Erarbeiten Sie in Kleingruppen jeweils eine Sprechfassung dieses Textes, die den Habitus des Offiziers, so wie Sie ihn sich vorstellen, auch gestisch und mimisch umsetzt. Wählen Sie dann ein Gruppenmitglied aus, das Ihre Sprechfassung im Plenum vorträgt.

*2. Begründen Sie danach Ihre Gestaltungsentscheidungen.

ARBEITSBLATT 4b

Der Apparat

»Ein bislang unbeachtet gebliebenes Detail unterstreicht die Anspielung auf frühneuzeitliche Foltergeräte: ›am Kopfende des Bettes […] ist dieser kleine Filzstumpf, der […] dem Mann gerade in den Mund dringt. Er hat den Zweck, am Schreien und am Zerbeißen der Zunge zu hindern‹ [S. 9]. Diese Funktionen erfüllten früher Mundbirnen und Foltermasken mit entsprechenden Mundstücken. […] Eine weitere Konnotation bietet die Egge an. ›Wie Sie sehen, entspricht die Egge der Form des Menschen‹ [S. 13], vermerkt der Offizier. Ein gleichmäßig den Körper wie ein Sarkophag umschließendes Gerät war in der frühen Neuzeit die für Ehrenstrafen verwendete, sogenannte Eiserne Jungfrau. Im 19. Jahrhundert hielt man es für ein Foltergerät und glaubte, seine Innenwände seien mit Stacheln ausgekleidet, die den Körper des Delinquenten durchbohren würden, sobald der Kasten geschlossen werde. […] Diese Vorstellung, von der auch Kafka ausgehen mußte, kommt dem Tötungsverlauf nahe, den der Offizier zuletzt durchleidet. […] Aufgerufen wird mit dem ›Apparat‹, den die Erzählerinstanz auch ›Maschine‹ [S. 19] nennt, das Thema Technik. Schon lange, besonders während der frühen Neuzeit, war die Grenze zwischen Folterinstrument und -apparat fließend. So war das Aufziehen auf die Leiter ein komplexer Vorgang, bei dem die Folterer zahlreiche Handgriffe beachten mußten. […]

Von den beiden historischen Haupterscheinungsweisen der Folter – dem Verfahrensmittel zur Beweiserhebung und der verschärften Todesstrafe – kommt letztere in Betracht, da Kafkas Erzählung von einer geplanten Exekution handelt, das Urteil zur Zeit der Folterung mithin schon feststeht. Strafschärfung bedeutete im peinlichen Recht einerseits Schmerzzufügung, andererseits Demütigung und Ehrverlust, zum Teil über den Tod hinaus. Daß Schmerzen zugefügt werden, erscheint bei Kafka in der euphemistischen Rede des Offiziers: ›Die ersten sechs Stunden lebt der Verurteilte fast wie früher, er leidet nur Schmerzen‹ [S. 18]. Die Betonung der angeblichen Normalität verdeckt aber die Dimension dieser Schmerzen, welche aus dem folgenden Satz erschlossen werden können, in dem der Offizier erwähnt, der Delinquent habe nach zwei Stunden keine Kraft zum Schreien mehr. Schon hier wird also ein äußerster Schmerzgrad erreicht: das Verfahren kann mit Grund als grausam bezeichnet werden, obwohl der Offizier, der allerdings ebenfalls Gründe anführen kann, es nicht so nennt.«

Sven Kramer: Die Folter in der Literatur. Ihre Darstellung in der deutschsprachigen Erzählprosa von 1740 bis ›nach Auschwitz‹. München: Fink, 2004. S. 336–339.

6 **Konnotation:** Nebenbedeutung | 9 **Ehrenstrafe:** Mit dem Entzug der Bürgerrechte verbundene, ›entehrende‹ Strafe

ARBEITSBLATT 4c

Eine Schreibmaschine

»Man muss es deutlich sagen: Die Vollstreckungsmaschine in Kafkas Erzählung *In der Strafkolonie* ist eine Schreibmaschine. Und sie ist eine Schreibmaschine der besonderen Art, die nämlich unmittelbare Zeichen produziert, Zeichen, die sich nicht mehr von dem unterscheiden, was sie bezeichnen, sondern mit dem Bezeichneten zusammenfallen. Die Vollstreckungsmaschine wird, unter dem Aspekt des Schreibens gesehen, zu einer Wunder-Maschine, die in der Lage ist, Zeichen zu produzieren, deren Deutung und Bedeutung nicht mehr der Interpretation bedürfen oder zweifelhaft sind, weil nämlich durch sie Deutung und Bedeutung körperlich manifest und schließlich durch den Tod letztgültig bestätigt werden. Kafka entwickelt also die phantastische Idee von einer Schreibmaschine absoluter, von jeder Deutung unabhängiger Zeichen. […]

Auch in der *Strafkolonie* zeigt sich an zwei markanten Stellen, wie ein solcher Deutungsprozess einsetzt, nämlich als der Offizier dem Reisenden jene Matrizen zu lesen gibt, die das Urteil enthalten, das zum Teil dem Delinquenten und später dem Offizier selbst im wahrsten Sinne in den Körper eingeschrieben wird. Für den Delinquenten lautet das Urteil: ›Ehre deinen Vorgesetzten‹, für den Offizier: ›Sei gerecht!‹ In beiden Fällen fordert der Offizier den Reisenden auf, die Matrizen zu entziffern, und beide Male beharrt der Reisende darauf, dass er die Schrift gar nicht lesen könne: ›ich kann es nicht entziffern‹ und: ›ich sagte schon, ich kann diese Blätter nicht lesen‹. Man könnte dies dadurch zu erklären versuchen, dass die Schrift zwölf Stunden lang dem Körper eingeschrieben werden muss und daher nicht nur aus der bloßen Buchstabenfolge bestehen kann, sondern zudem eine Unmenge an Verzierungen, also an nicht-semantischem Material, beinhaltet, das die eigentliche Schrift unleserlich macht – ganz zu schweigen von der Tatsache, dass Haut und durchblutetes Fleisch wenig geeignet sind für solche Zwecke. Letztlich macht also das Ornament die Schrift unleserlich. Bezieht man dies Ergebnis auf die Zeichenhaftigkeit von Schrift, so kann man mit einiger Berechtigung behaupten, dass nur jene Schrift entzifferbar und lesbar ist, die gedeutet werden muss. Die absolute Schrift aber, die mit dem, was sie bezeichnet, zusammenfällt, ist unleserlich, unlesbar und undeutbar.«

Oliver Jahraus: Kafka. Leben, Schreiben, Machtapparate. Stuttgart: Reclam, 2006. S. 334–336.

10 manifest: eindeutig | **16 Matrize:** Druckvorlage | **17 Delinquent:** Übeltäter, Verbrecher | **27 an nicht-semantischem Material:** hier: an bedeutungslosen Zeichen | **30 Ornament:** Verzierung

5 Den Schluss der Erzählung erklären

Sachanalyse

Dass der Offizier sich an Stelle des Verurteilten in den Apparat legt, kommt sowohl für den Leser als für den Reisenden überraschend. Auch dass der »Apparat« nun sein Verhalten ändert, war nicht unbedingt zu erwarten: Das abgeschliffene Zahnrad kreischt nicht mehr, und zunächst scheint der technische Ablauf ungestört. Dann aber kommt es zur allmählichen Selbstzerstörung des »Apparats«. Eine der Folgen ist eine radikale Verkürzung der Exekution. Die »Egge« schreibt nicht, sondern sticht, und ein »Stachel« fährt dem Offizier direkt in die Stirn, so dass er auf der Stelle ohne die angekündigte »Erlösung« stirbt (vgl. *In der Strafkolonie*, Reclam XL, S. 40). Der Reisende verhält sich zu diesen Vorgängen widersprüchlich; zunächst will er keinesfalls eingreifen. Als der Offizier tot ist, tut er es aber doch und fordert sogar den Soldaten und den Verurteilten zur Hilfe auf (»Helft doch!«, ebd.), um die Leiche, die der Apparat nicht mehr in die Grube werfen kann, aus ihm zu befreien. Es wird aber nicht erzählt, dass ihm das gelingt. Stattdessen erfahren wir, dass er sich (statt etwa dem ›neuen Kommandanten‹ Bericht zu erstatten) vom Soldaten und dem Verurteilten, der seine zerschnittenen Kleider wieder angelegt hat, ins Teehaus führen und dort empfehlen lässt, das unter einem Tisch verborgene Grab des ›alten Kommandanten‹ zu besichtigen. Die Inschrift auf dem kleinen Grabstein spricht von einer »Prophezeiung, dass der Kommandant nach einer bestimmten Anzahl von Jahren auferstehen und aus diesem Hause seine Anhänger, zur Wiedereroberung der Kolonie führen wird« (S. 42). Es wird auch erwähnt, dass diese Anhänger »jetzt keinen Namen tragen dürfen«. Diese Inschrift bleibt rätselhaft; das Verhalten der Teehausgäste bietet keinen Anhaltspunkt für eine Erklärung. Sie erinnert an die Messiasprophezeiung nach jüdischer Auffassung (für die ebenfalls, im Unterschied zur christlichen, das Kommen des Messias noch bevorsteht), ist für die Lernenden aber sicherlich auch Anlass, an ähnliche Motive in der fantastischen Literatur zu denken, beispielsweise an die auf Lord Voldemorts Wiederkehr wartenden »Todesser« in J. K. Rowlings *Harry Potter* (vgl. v.a. Bd. 5: *Harry Potter und der Orden des Phönix*, Hamburg 2003). Die anschließende Flucht zum Hafen und auf das Schiff erweckt den Eindruck, es sei noch mehr als die Exekution diese Inschrift gewesen, die dem Reisenden Angst gemacht habe; dies bleibt aber unausgesprochen.

Unterrichtsverlauf

Überblick. Der schwierige Schluss wird in einer eigenen Unterrichtseinheit zum Gegenstand einer genauen Rekonstruktion und des eine Interpretation der Erzählung vorbereitenden Gesprächs. Dazu wird zunächst der Schluss in der Hörspieladaption des Bayerischen Rundfunks eingespielt (über die, falls die Erweiterung durch eine 7. Stunde stattfindet, hier nur kurz informiert wird). Dann werden unter Rückgriff auf den Text (S. 35, Z. 19 – S. 40, Z. 29) die Vorgänge, die zum Tod des Offiziers führen, im Gespräch geklärt. In Partnerarbeit wird schließlich ein Arbeitsblatt mit Verständnisfragen diskutiert, die auf das Herausarbeiten von Deutungsproblemen abzielen (Verhalten des Reisenden, Funktion der merkwürdigen Grabstätte des ›alten Kommandanten‹). Die Stunde endet mit einem Austausch über mögliche Antworten auf diese Fragen im Klassenplenum bewusst offen, da sie die noch ausstehende Gesamtdeutung (in der 6. Stunde) vorbereiten soll. Eine Ergänzung bzw. Revision der Notizen zu den »offenen Fragen« sollte aber stattfinden.

Phase	Thema	Sozialform	Kompetenzen und Lernziele	Materialien
Voraussetzungen: Kenntnis des gesamten Textes				
5.1	Gemeinsame Rekonstruktion der Vorgänge, die zum Tod des Offiziers führen	UG	• Auf der Basis genauer Lektüre zu einem Verständnis eines Textabschnitts gelangen und seine Funktion für das Textganze verstehen	
5.2	Auditive Rezeption des Schlusses	UG	• Die Sprechfassung eines literarischen Textes hinsichtlich ihrer verstehensunterstützenden Wirkung beurteilen	Internetzugang
5.3	Beantwortung von Leitfragen zum Verständnis des Schlusses der Erzählung	PA	• Mit Hilfe von Leitfragen Deutungsprobleme eines Textes erkennen und interaktiv klären	VORLAGE 5 ➤ S. 32
5.4	Auswertung der Partnerarbeit; Meinungsaustausch über die gefundenen Antworten	UG	• Auf der Basis eigener Vorbereitung Beiträge zu einem problemorientierten literarischen Gespräch leisten • Die Berechtigung unterschiedlicher Hypothesen und Lesarten (an)erkennen	VORLAGE 5 ➤ S. 32
5.5	Ergänzung/Revision gespeicherter Notizen	UG	• Arbeitsergebnisse mit vorliegenden Erkenntnissen abgleichen und für die spätere Verwendung im Rahmen einer Interpretation sichern	Datenträger (s. 1.5)
HA	Lektüre eines Textauszugs			ARBEITSBLATT 5 ➤ S. 34

Hinweis: Die Datenträger der ›Hüter/innen des Wissens‹ und ›Hüter/innen des Unwissens‹ (s. Unterrichtsschritt 1.5, S. 7) werden am Ende der Stunde eingesammelt und nötigenfalls für die sechste Stunde von der Lehrkraft aufbereitet.

5.1 Gemeinsame Rekonstruktion der Vorgänge, die zum Tod des Offiziers führen

Unterrichtsschritt mit Erläuterungen. Die Stunde beginnt mit einer Inhaltssicherung, die die erzählten Vorgänge betrifft, welche letztlich zum Tod des Offiziers führen (*In der Strafkolonie*, Reclam XL, S. 35, Z. 19 – S. 40, Z. 29): UG

- das Scheitern der Bemühungen des Offiziers, den Reisenden zu seinem Standpunkt zu ›bekehren‹,
- dessen Weigerung beim ›neuen Kommandanten‹ für die Beibehaltung der mit dem ›Apparat‹ verbundenen Exekutionspraxis zu plädieren,
- der Entschluss des Offiziers, sich als mutmaßlich Letzter bei einer solchen Exekution töten zu lassen.

Sollten die Lernenden dies kommentieren wollen (indem sie es etwa als Trotzreaktion oder als Zurschaustellung scheinbarer moralischer Überlegenheit deuten), so ist dem Raum zu geben, ohne damit den Eindruck zu erwecken, solche Kommentare seien bereits eine Interpretation (vgl. 6. Stunde).

5.2 Auditive Rezeption des Schlusses und kurzer Austausch darüber

Unterrichtsschritt. Nun wird der Schluss der Erzählung in der Adaption durch das vom Bayerischen Rundfunk produzierte Hörspiel (nicht identisch mit dem in der 1. Stunde verwendeten Hörbuch!) von 2007 (1:08:22–1:12:38) eingespielt; es sollte dabei erwähnt werden, dass sein Adaptionscharakter in der Folgestunde noch zur Diskussion stehen wird. Der Austausch über das Gehörte kann kurz sein; der Text war vorher bereits gelesen, und das Adaptionskonzept wird erst in der Folgestunde zum Thema. UG Internetzugang

Erläuterung. Die Produktion des Bayerischen Rundfunks (Regie: Ulrich Gerhardt, BR 2007, 72'52) ist abrufbar als Podcast: www.br.de/mediathek/podcast/hoerspiel-pool/franz-kafka-in-der-strafkolonie/31293 (Stand: 14.12. 2019).

VORLAGE 5

Der Schluss der Erzählung

- Warum legt sich der Offizier an Stelle des Verurteilten in den Apparat?
- Inwiefern verhält sich der Apparat nun anders als vorher und welche Gründe könnte es dafür geben?
- Wie ist das widersprüchliche Verhalten des Reisenden zu erklären, der zunächst nicht eingreifen will, es aber dann doch tut, als es zu spät ist?
- Der Reisende lässt sich vom Soldaten und dem Verurteilten ins Teehaus führen. Was wären Alternativen dazu gewesen?
- Was erfahren wir auf Grund des Teehausbesuchs über den ›alten Kommandanten‹?
- * Was könnte die Inschrift auf dem Grabstein bedeuten, und was die Tatsache, dass man das Grab unter einem Kaffeehaustisch verborgen hält?
- * Wie lässt sich das Verhalten der Teehausgäste deuten?
- * Wovor flüchtet der Reisende am Ende?

5.3 Beantwortung von Leitfragen zum Verständnis des Schlusses der Erzählung

PA

Unterrichtsschritt. Die Fragen der VORLAGE 5 ***Der Schluss der Erzählung*** zu den beiden nun besprochenen Textpassagen werden in Partnerarbeit diskutiert und nach Möglichkeit geklärt.

VORLAGE 5
➤ S. 32

5.4 Auswertung der Partnerarbeit; Meinungsaustausch über die gefundenen Antworten

UG

VORLAGE 5
➤ S. 32

Unterrichtsschritt mit Erläuterungen. Auf der Basis der Partnergespräche wird nun im Klassenplenum über mögliche Antworten diskutiert. Es stellt sich heraus, dass die meisten der Fragen auf der VORLAGE 5 aus dem Wortlaut der Erzählung heraus nicht eindeutig und konsensfähig zu beantworten sind. Lässt sich der Reisende in seiner Motivik durch die Empathie des Lesers noch einigermaßen erfassen und damit in seinem Verhalten psychologisch erklären (wobei auch solche Erklärungen Vermutungen bleiben müssen), so ist alles andere (die Motive für die Selbsttötung des Offiziers, mögliche Gründe für die Selbstzerstörung des »Apparats«, die Existenz der Grabstätte an einem so unpassenden Ort, das Verhalten der Teehausbesucher) schwer deutbar: Die Erwartung der Lernenden, man werde nun zu Antworten kommen, die die Erzählung *erklären*, muss enttäuscht werden. Es empfiehlt sich, dies offensiv zu tun und die Stunde mit der Feststellung zu beschließen, dass alle denkbaren Erklärungsversuche, sowohl diejenigen der Kafka-Literatur als die der Lerngruppe, die Klärung eines Interpretationsrahmens voraussetzen und damit textexternes Wissen, das noch zu erarbeiten ist.

5.5 Ergänzung/Revision der gespeicherten Notizen

UG

Datenträger (s. 1.5)

Unterrichtsschritt mit Erläuterungen. Erneut ergänzt werden kann nun die Sammlung der »offenen Fragen«, für die der/die ›Hüter/in des Unwissens‹ zuständig ist. Es wird dieses Mal um die Frage gehen, wer der »alte Kommandant« war. Da die Lernenden sich über eine Ergänzung der Notizen miteinander verständigen sollten, kann hier kein Wortlaut vorgegeben werden. Zwei Optionen sind aber denkbar:

- Entweder diese Figur ist ein ehemals mächtiger Kolonialherrscher, um den sich Legenden ranken;
- oder er ist, im Rahmen eines nichtrealistischen Wirklichkeitsmodells, ›noch am Leben‹ und hat Anhänger, die seine Rückkehr erwarten.

Die Datenträger werden nach dem Unterricht von den beiden ›Hütern‹ an die Lehrkraft übergeben, die sie durchsehen, ggf. in eine bessere Ordnung bringen und Kopien herstellen wird. (Dies dient ebenso wie die Hausaufgabe der Vorbereitung der 6. Stunde).

Hausaufgabe

ARBEITSBLATT 5
› S. 34

Lektüre des ARBEITSBLATTS 5 ***Der Erzähler Franz Kafka*** (auch in: *In der Strafkolonie*, Reclam XL, S. 69 f.).

ARBEITSBLATT 5

Der Erzähler Franz Kafka

»Kafkas großartige Leistung als Erzähler besteht hier darin, daß er jegliches moralisches Pathos ausschaltet. Er stellt zwei Perspektiven nebeneinander: die des Offiziers und die des Reisenden. Er erzählt die Geschichte zwar aus einer personalen Sicht, die den Reisenden im Blick hat, so daß auch dessen Gedanken in innerer Rede mitgeteilt werden können, nicht aber die Gedanken des Offiziers, der von außen betrachtet wird. Doch der Offizier hält sehr lange Reden, in denen er seine Perspektive ausführlich und mit großer Eloquenz vortragen kann. Sein Vortrag ist derart faszinierend, daß er nicht nur den Reisenden, sondern auch den Leser wenigstens zeitweise für sich einnimmt. Die inneren Vorbehalte, die der Leser dabei haben mag – handelt es sich doch immerhin um ein Folterinstrument, das hier enthusiastisch beschrieben wird –, sind die inneren Vorbehalte des Reisenden, die dieser jedoch nicht zu äußern wagt. Nur in einer gewissen Zurückhaltung zeigt sich seine Abwehr, also fast gar nicht. Gerade seine Kultiviertheit hindert den Reisenden daran, der Barbarei Einhalt zu gebieten. Er verhindert weder die Folterung des zum Tode verurteilten Soldaten noch den Selbstmord des Offiziers. Im ersten Fall schaut er höflich zu; seine Erziehung verlangt eben, daß man sich auch in schwierigen Situationen nicht gehenläßt. So ist er aufmerksam und freundlich dem Offizier gegenüber, auch als dieser den Soldaten der entsetzlichsten Folter ausliefert. Im zweiten Fall – dem des Selbstmords des Offiziers – ist es die Faszination des Ereignisses, die ihn abhält, einzugreifen. Auch hier mag sich der Leser auf seiten des Reisenden fühlen: eine gewisse Erleichterung darüber, daß dieser fanatische Mensch nun selbst in der Maschine stirbt, die er für andere vorbereitet hat, ist spürbar. Doch hätte er nicht auch Mitleid verdient? Dem allzu raschen Mitleid des Lesers hat der Erzähler entgegengearbeitet, im Fall des unsympathischen Offiziers wie im Fall des unsympathischen Delinquenten. Er will offensichtlich die Aufmerksamkeit auf etwas anderes lenken: auf den Vorgang in uns, den der Vorgang in der Erzählung auslöst, die wohl die schrecklichste Erzählung ist, die Franz Kafka geschrieben hat. Sie handelt vom Schrecken in uns und in unserer Kultur.

Gerade weil der Erzähler die Handlung so sachlich darbietet, kommt sie uns so nahe. Die Rationalität, die in der ausgeklügelten Erzählkunst des Erzählers genauso steckt wie in der so vernünftig wirkenden Lobrede des Offiziers auf den Apparat, diese Rationalität ist eine Fassade, hinter der sich die Barbarei verbirgt, aus der sie jederzeit hervorbrechen kann, wenn humanes Engagement zu konventioneller Höflichkeit verkommt. Insofern sind die Kontrahenten dieser Geschichte, der Offizier und der Reisende, sogar Komplizen des Verbrechens: der eine, indem er es zielbewußt durchführt wie einen rationalen Vorgang, der andere, indem er es duldet und ihm nicht entgegentritt, obwohl er dagegen ist. Kafka hat hier die doppelte Wurzel der staatlichen Verbrechen unseres [des 20.] Jahrhunderts dargestellt: es sind nicht nur die Täter, die zur systematischen Vernichtung schreiten, sondern es sind auch die Untätigen, die aus falscher Rücksichtnahme auf sich und andere nichts unternehmen; beide gemeinsam sind zur Durchführung der Verbrechen nötig.«

Hans Dieter Zimmermann: In der Strafkolonie. In: Franz Kafka. Romane und Erzählungen. Interpretationen. Hrsg. von Michael Müller. Stuttgart: Reclam, 2003. S. 160–172, hier S. 160 f.

1 moralisches Pathos: hier: moralische (Über-)Bewertung | **6 Eloquenz:** Beredsamkeit | **21 f. Delinquent:** Übeltäter, Verbrecher

6 Deutungsmöglichkeiten materialgestützt erarbeiten

Sachanalyse

Über die Deutung und Deutbarkeit Kafkas ist so viel geschrieben worden, dass ein allgemeiner Überblick hier unmöglich gegeben werden kann. Auch in Bezug auf die vorliegende Erzählung allerdings lässt sich der Fachliteratur keine präferierte Lesart entnehmen; biografieorientiert kann man den Text als Ausdruck von Folterfantasien seines Autors lesen, kulturgeschichtlich als frühe postkolonialistische Erzählung, theologisch als Aufeinandertreffen jüdischer und christlicher Endzeitvorstellungen, usw. Sogar die Mediengeschichte des frühen 20. Jahrhunderts hat man darin gespiegelt gefunden. Jeder Versuch, dies alles in einer Interpretation zu vereinigen, muss jedoch letztlich scheitern.[1]

Unerlässlich ist daher für eine Unterrichtseinheit zur Deutung des Textes eine Thematisierung der Hermeneutik selbst als der traditionellen Lehre von der Textdeutung, die hier an ihre Grenzen stößt.

1 Als Beispiel diene folgender Versuch: »Dies ist eine Geschichte, die vom menschlichen Körper handelt; und davon, was einem Menschen durch technische und soziale Zurichtungen, durch Ausübung sadistischer sexueller Phantasien angetan werden kann. Doch ebenso gilt: Das ist eine Geschichte, die vom Schreiben handelt, von der Magie und Gewalt der schreibenden Hand und ihrer Instrumente.« (Alexander Honold, »*In der Strafkolonie*«, in: Bettina von Jagow / Oliver Jahraus [Hrsg.], *Kafka-Handbuch. Leben – Werk – Wirkung*, Göttingen 2008, S. 477.)

Unterrichtsverlauf

Überblick. Es geht nun abschließend darum, die ganze Erzählung in den Blick zu nehmen und den Lernenden dabei zu helfen, Deutungen und mit ihnen verbundene Sinnzuschreibungen nachzuvollziehen und mit Hilfe von Textwortlaut und Materialien argumentativ abzusichern, aber auch zu hinterfragen. Dazu wird einleitend ein letztes Material, der in häuslicher Vorbereitung gelesene Textauszug (ARBEITSBLATT 5) besprochen. Dann wird den Lernenden bewusst gemacht, über wie viele und welche Materialien sie nun insgesamt verfügen (sie erhalten nun auch Ausdrucke der bisher nur elektronisch gespeicherten ›gehüteten Notizen‹), um eigenständig Argumente für oder gegen eine Deutung zu entwickeln und diese Argumente zunächst in der Kleingruppe, später dann im Klassenplenum zu erproben. Eingeteilt in sechs Gruppen, verfolgen sie arbeitsteilig je eine Interpretationsperspektive und finden Gründe und Belege entweder für oder gegen sie. Ein dafür ausgewähltes Gruppenmitglied hat dann die Aufgabe, das dabei erzielte Ergebnis im Rahmen eines inszenierten Podiumsgesprächs vorzutragen. Über dessen Ergebnis kann schließlich abgestimmt werden.

Phase	Thema	Sozialform	Kompetenzen und Lernziele	Materialien
Voraussetzungen: Kenntnis des gesamten Textes				
6.1	Zusammenfassung und Diskussion des Textauszugs »Der Erzähler Franz Kafka«	UG	• Einzelne Textaspekte und Analyseergebnisse in einer Synthese betrachten • Den Unterschied zwischen geäußerten persönlichen Meinungen und argumentativ abgesicherten Deutungen erkennen	ARBEITSBLATT 5 ➤ S. 34
6.2	Arbeitsteilige Erarbeitung von Interpretationsperspektiven	GA	• Eigenständig ein Textverständnis formulieren, in das persönliche Leseerfahrungen und alternative Lesarten des Textes einbezogen werden, und auf der Basis eigener Analyseergebnisse begründen • Selektiv und fokussiert Materialien nutzen, um eine Lesart zu überprüfen	ARBEITSBLATT 6a ➤ S. 38 ARBEITSBLATT 6b ➤ S. 39 ARBEITSBLATT 6c ➤ S. 40 ARBEITSBLATT 6d ➤ S. 41 ARBEITSBLATT 6e ➤ S. 42 ARBEITSBLATT 6f ➤ S. 43 Materialien der 2. und 4. Stunde, (aufbereitete) Datenträger (s. 1.5)
6.3	Inszenierung eines Podiumsgesprächs zur Deutung der Erzählung	Podium	• Mehrdeutigkeit als konstitutives Merkmal literarischer Texte nachweisen • Die in literarischen Werken enthaltenen Herausforderungen und Fremdheitserfahrungen kritisch zu eigenen Wertvorstellungen, Welt- und Selbstkonzepten in Beziehung setzen	
6.4	Zusammenfassung und Abstimmung	UG	• Unterschiedliche Lesarten eines literarischen Textes unterscheiden und mit verschiedenen Erkenntnisinteressen in Verbindung bringen • Zu vorgetragenen Deutungen eigenständig Position beziehen	

6.1 Zusammenfassung und Diskussion des Textauszugs »Der Erzähler Franz Kafka«

UG

ARBEITSBLATT 5 ➤ S. 34

Unterrichtsschritt mit Erläuterungen. Zunächst wird der in Vorbereitung gelesene Auszug aus »Der Erzähler Franz Kafka« von Hans Dieter Zimmermann (ARBEITSBLATT 5, auch in: *In der Strafkolonie*, Reclam XL, S. 69 f.) besprochen: Der Text entfaltet seine Wirkung durch die emotionslose Beschreibung der grausamen Folter und deren halbherzige, unpathetische Zurückweisung durch einen Augenzeugen, den gerade seine ›europäische‹ Zivilisiertheit am Eingreifen hindert.

6.2 Arbeitsteilige Erarbeitung von Interpretationsperspektiven

GA

ARBEITSBLATT 6a ➤ S. 38
ARBEITSBLATT 6b ➤ S. 39
ARBEITSBLATT 6c ➤ S. 40

Unterrichtsschritt mit Erläuterungen. Nachdem damit dieses letzte Material erschlossen ist, erläutert die Lehrkraft die nun anstehende Aufgabe »materialgestützten Deutens« (vgl. hierzu Ulf Abraham / Clemens Kammler, »Materialgestütztes Lesen und Schreiben im Literaturunterricht«, in: *Praxis Deutsch* 273, 2019, S. 4–11): Es wird nun darum gehen, für die Abwägung unterschiedlicher Interpretationsperspektiven und aus ihnen sich ergebender Deutungsmöglichkeiten die bisher bereitgestellten oder selbst erstellten Materialien (also Textauszüge einerseits und die immer wieder revidierten Notizen andererseits) zu nutzen, um für (oder gegen) eine Lesart des Werkes zu argumentieren. Dafür erhalten die sechs nun zu bildenden Gruppen jeweils auf einem eigenen Arbeitsblatt – ARBEITSBLATT 6a bis ARBEITSBLATT 6f ***Wie kann man »In der Strafkolo-***

nie« interpretieren? (1)–(6) – einen Impuls, verbunden mit einem Zitat oder einer die betreffende Perspektive fokussierenden Information. Mit deren Hilfe klären sie arbeitsteilig (ca. 20 Min.) die jeweilige Interpretationsperspektive, und zwar unter selektiver Verwendung der bereitliegenden Materialien, zu denen neben allen bereits erschlossenen Textauszügen nun auch die (von der Lehrkraft aufbereiteten) Notizen zu Figurencharakteristiken und offenen Fragen gehören. Auf dieser Basis finden die Arbeitsgruppen Gründe und Belege entweder für oder gegen die ihnen zugeteilte Lesart der Erzählung. Jeweils ein Mitglied der Arbeitsgruppe wird ausgewählt, um diese im nächsten Unterrichtsschritt vorzutragen. – Die Lernenden werden (und sollen) nun aber auch feststellen, dass es nicht auf alle Fragen zum Text Antworten gibt; so kann beispielsweise die Frage nach dem Zweck der Forschungsreise und Art der Expertise des Reisenden (»Wenn er ein Experte ist, wofür?«) aus dem Text heraus nicht beantwortet werden.

ARBEITSBLATT 6d ➤ S. 41
ARBEITSBLATT 6e ➤ S. 42
ARBEITSBLATT 6f ➤ S. 43
Datenträger (s. 1.5)

6.3 Inszenierung eines Podiumsgesprächs zur Deutung der Erzählung

Unterrichtsschritt. Die sechs ausgewählten Gruppensprecher*innen nehmen an einem Tisch Platz und tauschen (ca. 10 Min.) ihre Argumente aus. Moderiert werden sie entweder, nach vorheriger Absprache, von den beiden ›Hüter*innen‹ oder von der Lehrkraft. Es ist nicht Aufgabe der Moderation, auf eine Einigung hinzuwirken, die sich nicht von selbst ergibt; vielmehr sollten ggf. kritische Nachfragen die Podiumsteilnehmer*innen zu einer Präzisierung ihrer Position (z. B. Belege durch Textstellen) bewegen.

Erläuterungen. Da die Akteur*innen nicht ihre eigene, sondern eine ihnen zugeteilte Position zu vertreten haben, ist das Gespräch ein inszeniertes und sollte auch so aufgefasst werden. Die Lehrkraft kann diese Sichtweise durch die Vergabe fiktiver Rollen unterstützen:

- eine Literaturwissenschaftlerin der Universität X,
- ein Journalist der Y-Zeitung,
- eine Historikerin des Z-Instituts usw.
- * Demgegenüber anspruchsvoller ist die Aufgabe, den Spieler*innen die Erfindung geeigneter Rollen zu überlassen; in diesem Fall sollten sie nach dem Spiel ihre Rollenwahl kommentieren.

6.4 Zusammenfassung und Abstimmung

Unterrichtsschritt. Eine kurze Zusammenfassung kann entweder durch die beiden Moderator*innen erfolgen oder durch die Lehrkraft. Wichtig: Eine Entscheidung für eine der Lesarten ist dabei nicht angestrebt; allerdings sollte festgestellt werden, welche von ihnen die konsensfähigsten sind und welche offensichtlich keine Mehrheit bzw. kein Interesse finden. Um Mehrheitsverhältnisse zu klären, wird eine Schlussabstimmung vorgenommen. (Die Zuhörer*innen werden zu Beginn des Podiumsgesprächs darauf vorbereitet, am Ende je zwei Stimmen für die überzeugendsten Positionen zu vergeben.) UG

Wie kann man *In der Strafkolonie* interpretieren? (1)

Die Germanistin Els Andringa erläutert insgesamt sechs Interpretationsansätze für Kafkas Werk. In ihrer Zusammenfassung schreibt sie:

> »Wenn sie auch nicht vollständig ist, so zeigt doch die vorgeführte Liste der Interpretationsperspektiven, wie zahlreich die Zugriffe auf Kafkas Werk sind. Natürlich gibt es ab und zu widersprüchliche Ergebnisse, aber viele Ansprüche zeugen vor allem von einem breit gestreuten Spektrum von Bedeutungsmöglichkeiten, die aufleuchten wie Facetten eines Kristalls, den man nie in seiner Ganzheit zu Gesicht bekommt.«

Els Andringa: Die Facette der Interpretationsansätze. In: Bettina von Jagow / Oliver Jahraus (Hrsg.): Kafka-Handbuch. Leben – Werk – Wirkung. Göttingen: Vandenhoeck & Ruprecht, 2008. S. 317–335, hier: S. 327.

Eine Interpretationsperspektive, gestützt von Tagebucheinträgen und Briefen Kafkas sowie dem etwa gleichzeitig mit der Erzählung begonnenen (aber nie vollendeten) Roman *Der Process*, könnte sein:

Der Text ist Ausdruck einer ambivalenten Beziehung des Autors zur »Schuld« und stellt Folter als Form der Selbstbestrafung dar.

Versuchen Sie, diese These auf das zu beziehen, was wir bisher über die Erzählung *In der Strafkolonie* herausgefunden haben.

Helfen könnte Ihnen eine Stelle aus einem Brief Kafkas an den Freund Max Brod, datiert vom Frühjahr 1919:

> »[W]enn mich mein Magen schmerzt, so ist es eigentlich nicht mehr mein Magen, sondern etwas, was sich von einem fremden Menschen, der Lust bekommt mich zu prügeln, nicht wesentlich unterscheidet. So aber ist es mit allem, ich bestehe nur aus Spitzen, die in mich hineingehn, will ich mich da wehren und Kraft aufwenden, heißt das nur die Spitzen besser hineindrücken.«

Franz Kafka: Briefe 1902–1924. Hrsg. von Max Brod. Frankfurt a. M.: Suhrkamp, 1975. S. 254.

ARBEITSBLATT 6b

Wie kann man *In der Strafkolonie* interpretieren? (2)

Die Germanistin Els Andringa erläutert insgesamt sechs Interpretationsansätze für Kafkas Werk. In ihrer Zusammenfassung schreibt sie:

> »Wenn sie auch nicht vollständig ist, so zeigt doch die vorgeführte Liste der Interpretationsperspektiven, wie zahlreich die Zugriffe auf Kafkas Werk sind. Natürlich gibt es ab und zu widersprüchliche Ergebnisse, aber viele Ansprüche zeugen vor allem von einem breit gestreuten Spektrum von Bedeutungsmöglichkeiten, die aufleuchten wie Facetten eines Kristalls, den man nie in seiner Ganzheit zu Gesicht bekommt.«

Els Andringa: Die Facette der Interpretationsansätze. In: Bettina von Jagow / Oliver Jahraus (Hrsg.): Kafka-Handbuch. Leben – Werk – Wirkung. Göttingen: Vandenhoeck & Ruprecht, 2008. S. 317–335, hier: S. 327.

Eine Interpretationsperspektive könnte sein:

Der Text reagiert auf die fortschreitende Medienentwicklung des frühen 20. Jahrhunderts und stellt dieser die gleichzeitige Verrohung des Menschen gegenüber, setzt also neben technischen Neuerungen auch den zeitgleich mit der Niederschrift laufenden »Weltkrieg« als bekannt voraus.
Versuchen Sie, diese These auf das zu beziehen, was wir bisher über die Erzählung *In der Strafkolonie* herausgefunden haben.

Zur Zeit der Niederschrift tobt der Erste Weltkrieg im vierten Monat. Helfen könnte Ihnen auch die Information, dass zeitweilig Kafkas Verlobte, die Berlinerin Felice Bauer, bei der Firma Carl Lindström A.G. beschäftigt war, die unter anderem Grammophone und Parlographen (also frühe Diktiergeräte) produzierte. Der Germanist Friedrich A. Kittler hat den technischen Wandel nachgezeichnet, der zwischen 1800 und 1900 dazu führte, dass neben Schrift(sprache) auch akustisch repräsentierte Information aufgezeichnet werden konnte: »Zur symbolischen Fixierung von Symbolischem tritt die technische Aufzeichnung von Realem in Konkurrenz.« (F.A. Kittler, *Aufschreibesysteme 1800–1900*, München 1987, S. 235.)

Wie kann man *In der Strafkolonie* interpretieren? (3)

Die Germanistin Els Andringa erläutert insgesamt sechs Interpretationsansätze für Kafkas Werk. In ihrer Zusammenfassung schreibt sie:

> »Wenn sie auch nicht vollständig ist, so zeigt doch die vorgeführte Liste der Interpretationsperspektiven, wie zahlreich die Zugriffe auf Kafkas Werk sind. Natürlich gibt es ab und zu widersprüchliche Ergebnisse, aber viele Ansprüche zeugen vor allem von einem breit gestreuten Spektrum von Bedeutungsmöglichkeiten, die aufleuchten wie Facetten eines Kristalls, den man nie in seiner Ganzheit zu Gesicht bekommt.«

Els Andringa: Die Facette der Interpretationsansätze. In: Bettina von Jagow / Oliver Jahraus (Hrsg.): Kafka-Handbuch. Leben – Werk – Wirkung. Göttingen: Vandenhoeck & Ruprecht, 2008. S. 317–335, hier: S. 327.

Eine Interpretationsperspektive könnte sein:

Der Text steht in einer von der Romantik begründeten Tradition der ›dunklen Phantastik‹ als Form der Darstellung unterdrückter menschlicher Wünsche und Ängste.
Versuchen Sie, diese These auf das zu beziehen, was wir bisher über die Erzählung *In der Strafkolonie* herausgefunden haben.

Helfen könnte Ihnen Ulf Abraham, der über das Unheimliche literarischer Lektüre schreibt:

> »Schon lange, bevor – erst 18 Druckseiten später! – tatsächlich jemand in dem Apparat liegt und dieser zu arbeiten beginnt, hat die Gegenstands- und Vorgangsbeschreibung des hier sprechenden Offiziers der Strafkolonie die Vorstellung einer solchen Hinrichtung ausgelöst: Wir haben den nackten Mann gesehen, der zunehmend blutüberströmt auf dem Bauch in der Maschine liegt und mit der ›Egge‹ bearbeitet wird. Dass der Text uns ausdrücklich versichert hat, der unheimliche Apparat sei leer und werde jetzt nur erklärt, hat die Vorstellung keineswegs verhindern können: Es gibt in der Vorstellungsbildung keine Negation.
>
> Beim Lesen eines solchen Textes sollte uns also weniger dieser erschrecken als unsere eigene Vorstellungstätigkeit; wir haben von unserer Fähigkeit, solche unheimlichen Gestalten, Situationen und Handlungen zu imaginieren, gleichsam nichts gewusst. Folgen wir Freud, so ist das Unheimliche stets nur scheinbar fremd, tatsächlich aber etwas der Verdrängung anheimgefallenes Bekanntes.«

Ulf Abraham: Textbesessenes Lesen. Das Unheimliche literarischer Verstehensprozesse. In: Nicola Mitterer / Hajnalka Nagy (Hrsg.): Zwischen den Worten. Hinter der Welt. Wissenschaftliche und didaktische Annäherungen an das Unheimliche. Innsbruck: Studien Verlag, 2015. S. 195–209, hier: S. 194 f.

ARBEITSBLATT 6d

Wie kann man *In der Strafkolonie* interpretieren? (4)

Die Germanistin Els Andringa erläutert insgesamt sechs Interpretationsansätze für Kafkas Werk. In ihrer Zusammenfassung schreibt sie:

> »Wenn sie auch nicht vollständig ist, so zeigt doch die vorgeführte Liste der Interpretationsperspektiven, wie zahlreich die Zugriffe auf Kafkas Werk sind. Natürlich gibt es ab und zu widersprüchliche Ergebnisse, aber viele Ansprüche zeugen vor allem von einem breit gestreuten Spektrum von Bedeutungsmöglichkeiten, die aufleuchten wie Facetten eines Kristalls, den man nie in seiner Ganzheit zu Gesicht bekommt.«

Els Andringa: Die Facette der Interpretationsansätze. In: Bettina von Jagow / Oliver Jahraus (Hrsg.): Kafka-Handbuch. Leben – Werk – Wirkung. Göttingen: Vandenhoeck & Ruprecht, 2008. S. 317–335, hier: S. 327.

Eine Interpretationsperspektive könnte sein:

Der Text als Schlüsseltext der Moderne lässt den Leser absichtlich mit der Frage nach dem Sinn des Erzählten allein. Er ist vieldeutig wie die Wiedergabe eines Traums.
Versuchen Sie, diese Überlegungen des Kafka-Forschers auf das zu beziehen, was wir bisher über die Erzählung *In der Strafkolonie* herausgefunden haben.

Helfen könnte Ihnen der Anfang einer Rezension von Kurt Tucholsky kurz nach Erscheinen der Buchausgabe von *In der Strafkolonie*:

> »Das ist nicht wahr, wenn die Leute behaupten, Träume seien verschwommen. ›Jeder ist, während er träumt, ein Shakespeare‹, sagt der Weise, und noch im unsinnigsten Phantasma der Nacht stehen Konturen und Farben unverrückbar fest. Bäume zum Greifen und saftig grün, und in den Gesichtern der Geträumten kann man die Fältchen mit den Fingern antasten. Klar und scharf ist alles im Traum. So unerbittlich hart, so grausam objektiv und kristallklar ist dieser Traum von Franz Kafka: ›In der Strafkolonie‹ (bei Kurt Wolff in München erschienen). Dieses schmale Buch […] ist eine Meisterleistung.«

Die Weltbühne. Nr. 23, 3.6.1920. S. 655.

Wie kann man *In der Strafkolonie* interpretieren? (5)

Die Germanistin Els Andringa erläutert insgesamt sechs Interpretationsansätze für Kafkas Werk. In ihrer Zusammenfassung schreibt sie:

> »Wenn sie auch nicht vollständig ist, so zeigt doch die vorgeführte Liste der Interpretationsperspektiven, wie zahlreich die Zugriffe auf Kafkas Werk sind. Natürlich gibt es ab und zu widersprüchliche Ergebnisse, aber viele Ansprüche zeugen vor allem von einem breit gestreuten Spektrum von Bedeutungsmöglichkeiten, die aufleuchten wie Facetten eines Kristalls, den man nie in seiner Ganzheit zu Gesicht bekommt.«

Els Andringa: Die Facette der Interpretationsansätze. In: Bettina von Jagow / Oliver Jahraus (Hrsg.): Kafka-Handbuch. Leben – Werk – Wirkung. Göttingen: Vandenhoeck & Ruprecht, 2008. S. 317–335, hier: S. 327.

Eine Interpretationsperspektive könnte sein:

Der Text handelt von der Schwierigkeit des Deutens, und der ›Apparat‹ ist Ausdruck der Sehnsucht nach einer Schrift, die nicht mehr interpretiert werden muss.
Versuchen Sie, diese These auf das zu beziehen, was wir bisher über die Erzählung *In der Strafkolonie* herausgefunden haben.

Helfen könnte Ihnen Detlef Kremer, der in seinem Aufsatz »Kafka und die Hermeneutikkritik« schreibt:

> »Von den vergeblichen Mühen der Lektüre und des Verstehens handelt etwa die Erzählung *In der Strafkolonie*. Der Offizier der Strafkolonie bittet einen Reisenden darum, die zentrale Ursprungsschrift des alten Kommandanten zu lesen, um den Sinn der Strafkolonie zu begreifen. Die Schriftführung der ›labyrinthartigen, einander vielfach kreuzenden Linien‹ spiegelt und verstärkt jedoch den Text der Erzählung im Punkt ihrer Unverständlichkeit: ›‚Lesen Sie‘, sagte er. ‚Ich kann nicht‘, sagte der Reisende, ‚ich sagte schon, ich kann diese Blätter nicht lesen.‘ ‚Sehen Sie das Blatt doch genau an‘, sagte der Offizier und trat neben den Reisenden, um mit ihm zu lesen. Als auch das nichts half, fuhr er mit dem kleinen Finger in großer Höhe, als dürfe das Blatt auf keinen Fall berührt werden, über das Papier hin, um auf diese Weise dem Reisenden das Lesen zu erleichtern.‹ […] Selbst als der Offizier den Text buchstabiert, vermag der Reisende die Schrift nicht zu entziffern. Was dem Offizier ›deutlich‹ ist, erscheint ihm allenfalls ›kunstvoll‹.«

Detlef Kremer: Kafka und die Hermeneutikkritik. In: Bettina von Jagow / Oliver Jahraus (Hrsg.): Kafka-Handbuch. Leben – Werk – Wirkung. Göttingen: Vandenhoeck & Ruprecht, 2008. S. 336–352, hier: S. 336.

ARBEITSBLATT 6f

Wie kann man *In der Strafkolonie* interpretieren? (6)

Die Germanistin Els Andringa erläutert insgesamt sechs Interpretationsansätze für Kafkas Werk. In ihrer Zusammenfassung schreibt sie:

> »Wenn sie auch nicht vollständig ist, so zeigt doch die vorgeführte Liste der Interpretationsperspektiven, wie zahlreich die Zugriffe auf Kafkas Werk sind. Natürlich gibt es ab und zu widersprüchliche Ergebnisse, aber viele Ansprüche zeugen vor allem von einem breit gestreuten Spektrum von Bedeutungsmöglichkeiten, die aufleuchten wie Facetten eines Kristalls, den man nie in seiner Ganzheit zu Gesicht bekommt.«

Els Andringa: Die Facette der Interpretationsansätze. In: Bettina von Jagow / Oliver Jahraus (Hrsg.): Kafka-Handbuch. Leben – Werk – Wirkung. Göttingen: Vandenhoeck & Ruprecht, 2008. S. 317–335, hier: S. 327.

Eine Interpretationsperspektive könnte sein:

Der Text ist Ausdruck von Kafkas Beschäftigung mit dem Judentum in einer christlich geprägten Kultur und steht in Bezug zur alttestamentlichen Prophezeiung der Wiederkehr des Messias.
Versuchen Sie, diese These auf das zu beziehen, was wir bisher über die Erzählung *In der Strafkolonie* herausgefunden haben.

Helfen könnten Ihnen zwei Hinweise.

- Im Alten Testament, im Buch Esra (um 100 n. Chr.), ist der Messias ein Heilsbringer auf Zeit. Für die Getreuen, die endzeitliche Katastrophen überlebt haben, schafft er eine 400-jährige Friedenszeit, an deren Ende er wie alle anderen Menschen stirbt, bevor eine neue Weltzeit erwacht (vgl. 4. Esra 7,28 f.).
- »[D]ie epochale Übergangssituation der Kolonie vom alten zum neuen Kommandanten kann als Variante der Zweiteilung von mosaischem und christlichem Gebot, von altem und neuem Testament gelesen werden.« (Alexander Honold, *In der Strafkolonie*, in: Bettina von Jagow / Oliver Jahraus (Hrsg.), *Kafka-Handbuch. Leben – Werk – Wirkung*, Göttingen: Vandenhoeck & Ruprecht, 2008, S. 493.)

7 Eine Adaption mit der Vorlage vergleichen (Erweiterung I)

Vorbemerkung. Entfällt diese Stunde aus Zeitgründen, so kann das ARBEITSBLATT 7 mit der Schlusssequenz der Graphic Novel von Ricard/Maël (*In der Strafkolonie nach Franz Kafka*) auch in der 5. Stunde zum Vergleich mit dem Schuss der Erzählung bei Kafka eingesetzt werden. – Für den (fakultativen) Unterrichtsschritt 7.2 wird idealerweise ein Buchexemplar der Graphic Novel benötigt.

Sachanalyse

Adaptionen literarischer Werke durch auditive, visuelle und audiovisuelle Medien begleiten die Entwicklung dieser Medien jeweils von Anfang an. Nicht nur dient die Buchliteratur als Stofflieferant, sondern sie ist als kulturell ›höherwertiges‹ Medium geeignet, dem neueren Medium zur Akzeptanz zu verhelfen. Im 20. Jahrhundert ist das etwa an der Geschichte des Films gut zu erkennen,[1] in der Gegenwart aber v. a. an der Graphic Novel, die den konventionellen Comic hinter sich lässt, indem sie sich weltliterarischer Stoffe annimmt und an ihnen eine bildbasierte Form des literarischen Erzählens in unterschiedlichen Stilen ausdifferenziert. Graphic Novels dürfen allerdings nicht nur in ihrer potenziell lesefördernden Funktion betrachtet und dann ›motivationssteigernd‹ eingesetzt werden, sondern sie sind wie alle anderen Literaturadaptionen für den Literaturunterricht zum einen interessant als *Interpretationen* des Ausgangstextes, zum andern als Beleg für dessen *Klassikerstatus*. – Die bilddominierten Medien, denen die Graphic Novel zuzuordnen ist, haben ihre Stärke in der Verknüpfung von Bild und Sprache. Bilder illustrieren die Geschichte nicht nur, sondern regen dazu an, sie auf eine bestimmte Art zu verstehen.

1 Kafka hat sich für das seinerzeit relativ neue Medium sehr interessiert. Während jedoch andere seiner Werke längst anspruchsvoll verfilmt sind, eignet sich der kanadische Kurzspielfilm *Franz Kafkas's »In the Penal Colony«* (Regie: Sibel Guvenc, 2006, 13:30 Min.), obwohl im Internet in englischer Sprache abrufbar (youtu.be/StwAGxbPxlU, Stand: 17. 12. 2019), weder technisch noch konzeptionell besonders gut zum Einsatz im Unterricht. Ein Schülerreferat zu vergeben wäre dennoch in Erwägung zu ziehen.

Unterrichtsverlauf

Überblick. Zunächst wird im Gespräch Vorwissen zu Adaptionen als Formen des Medienwechsels geklärt und eine Begriffsdefinition gefunden. Dann erhalten die Lernenden Informationen zur Comic-Adaption der Erzählung durch Sylvain Ricard / Maël *In der Strafkolonie nach Franz Kafka* (2012) und sehen sich in Arbeitsgruppen einen Ausschnitt daraus näher an, nämlich den Schluss der Erzählung nach der Exekution des Offiziers. Dazu erhalten sie Erschließungsfragen, die sich sowohl auf die Wiedergabe von Inhalten der Erzählung als auch auf die medienspezifische Narration der Graphic Novel beziehen. Ein sich anschließendes Auswertungsgespräch sammelt Resultate und führt zu einer Würdigung der Adaption als Interpretation ihrer Vorlage. ! **Verkürzter Verlauf: 7.1 – 7.3 – 7.4**

Phase	Thema	Sozialform	Kompetenzen und Lernziele	Materialien
Voraussetzungen: Kenntnis des gesamten Textes				
7.1	Der Begriff »Adaption«	UG	• Einen Fachbegriff definieren und anhand geeigneter Beispiele erläutern	
7.2 fakultativ	Sichtung der Graphic Novel als Adaption der Erzählung	UG	• Den stofflichen Kern eines literarischen Textes in einem anderen Medium wiedererkennen und seine narrative/ästhetische Ausgestaltung kritisch würdigen	Exemplar der Graphic Novel ARBEITSBLATT 7 ➤ S. 48
7.3	Analyse der Bildsequenz ›Schluss‹	GA	• Bild- und Textelemente einer Graphic Novel auf der Folie der Textvorlage beurteilen • Einzelne Panels mit Hilfe von Kategorien der Bildanalyse beschreiben und in ihrer Funktion für das Textganze verstehen	ARBEITSBLATT 7 ➤ S. 48 VORLAGE 7 ➤ S. 46
7.4	Auswertung: Die Graphic Novel als Interpretation	UG	• Eine Adaption als Interpretation seiner Vorlage verstehen und eine passende Deutungshypothese formulieren	ARBEITSBLATT 7 ➤ S. 48 VORLAGE 7 ➤ S. 46

7.1 Der Begriff »Adaption«

Unterrichtsschritt mit Erläuterungen. Zunächst wird der international übliche Begriff der »Adaption« (engl. *adaptation*) geklärt: Adaptiert wird nicht eine Form (z. B. ›Roman‹), sondern ein Stoff, d. h. dasjenige, was sich in andere Medien übertragen lässt. Es wird daran erinnert, dass folgende Adaptionen der Erzählung bereits bekannt sind: UG

- das Hörbuch (etwa von Hans-Jörg Große oder Christoph Hackenberg gelesen) aus Unterrichtsschritt 1.1, S. 6
- die (monologische) Bühnenfassung von Heiner Müller aus Unterrichtsschritt 4.4 (ARBEITSBLATT 4a, S. 27)
- die Hörspielproduktion des Bayerischen Rundfunks aus Unterrichtsschritt 5.2 (Podcast), S. 31

Dass Stoffe transmedial sind, d. h. zwischen den Medien wandern, ist ein allgemeines Phänomen der Kulturgeschichte: Jedes seit Ende des 19. Jahrhunderts neu entstandene Medium (Hörmedien, audiovisuelle Medien, usw.) hat sich zunächst bei der Literatur ›bedient‹. Deutschsprachige Bezeichnungen wie »Verfilmung« oder »Verbuchung« wird man erwähnen, wenn naheliegende Beispiele von den Lernenden genannt werden (z. B. *Herr der Ringe* im Medium des Films, *Game of Thrones* als Graphic Novel). Weitere Beispiele sollte die Lehrkraft beisteuern: Um Adaption handelt es sich nicht nur, wenn das Ausgangsmedium etwa ein Roman ist, sondern auch dann, wenn ein Computerspiel (z. B. *Lara Croft*) oder ein Comic (z. B. *Spiderman*) verfilmt wird. Die auffällige Dominanz von Klassikern der Weltliteratur (vgl. die seit 2012 bei Brockhaus erscheinende Literaturcomics-Reihe *Weltliteratur im Comic-Format*) bei den adaptierten Stoffen sollte erwähnt werden und leitet über zu Adaptionen (und Adaptierbarkeit) von *In der Strafkolonie.* Nach zwei bereits genutzten Adaptionen (Hörspiel des BR und Dramatisierung durch Heiner Müller) soll nun eine Comic-Adaption Verwendung finden: *In der Strafkolonie nach Franz Kafka*, Graphic Novel von Sylvain Ricard und Maël (München: Knesebeck Verlag, 2012). Während das Hörspiel den Stoff untypisch adaptiert (es gibt – wie ein Hörbuch – den Wortlaut des Printtextes 1:1 wieder, jedoch mit Hilfe eines Sprechers, der zwei deutlich unterscheidbare ›Stimmen‹ repräsentiert) und nicht alle Möglichkeiten des Hörmediums nutzt, wird sich nun der Comic als klassische Adaption erweisen: Text wird nur sparsam verwendet; Atmosphäre, Figurencharakteristiken und Handlung sind nonverbal durch die Bilder transportiert, deren Ocker-, Braun-, Sepia- und Rottöne, bei völliger Abwesenheit von Blau und Grün, die Unfruchtbarkeit und Unwirtlichkeit der Landschaft, das Provisorische der Bauten und die Blutrünstigkeit der Exekution sehr gut wiedergeben.

7.2 Sichtung der Graphic Novel als Adaption der Erzählung (fakultativ)

UG

Exemplar der Graphic Novel

ARBEITSBLATT 7
➤ S. 48

Unterrichtsschritt mit Erläuterungen. Da für die Analyse nur eine Bildsequenz (über 3 Seiten) zur Verfügung steht (vgl. Unterrichtsschritt 7.3), ist es sinnvoll, den Lernenden zunächst einen Eindruck der gesamten Adaption zu vermitteln. Wie das geschehen kann, hängt von der Ausstattung ab – die eleganteste Lösung wäre, ein Exemplar der Graphic Novel mit einem Tageslichtprojektor, der das Auflegen und Umblättern erlaubt, zu zeigen; ist diese Technik nicht verfügbar, sollte man mindestens zwei Bildsequenzen über Beamer- oder Overheadprojektion gemeinsam sichten, neben der im nächsten Schritt verwendeten (Besuch im Teehaus, Flucht zum Hafen und auf das Schiff) auch die Sequenz, die die eigentliche Exekution schildert (S. 43–45). Im Unterrichtsgespräch werden Beobachtungen und Urteile gesammelt, wobei die Lehrkraft Wert darauf legt, dass wertenden Äußerungen sachlich-beschreibende vorausgehen sollten. Diese können den Zeichenstil, die Farbwahl, den Umgang mit Text-Inserts oder die Gestaltung der Bildfolgen (die ›Habitus‹ genannte Art der Bildbegrenzungen) betreffen.

Falls kein Exemplar der Graphic Novel verfügbar ist, kann der Unterrichtsschritt (in reduzierter Form) auch mit Hilfe des ARBEITSBLATTS 7 ***Schluss der Graphic Novel »In der Strafkolonie«*** erfolgen.

7.3 Arbeitsteilige Analyse der Schluss-Sequenz

GA

ARBEITSBLATT 7
➤ S. 48
VORLAGE 7
➤ S. 46

Unterrichtsschritt mit Erläuterungen. Nun wird die Klasse in Gruppen von 3–4 Lernenden eingeteilt, die arbeitsgleich ARBEITSBLATT 7 ***Schluss der Graphic Novel »In der Strafkolonie«*** (S. 46–48 der Buchausgabe) analysieren. Nach einer kurzen Einführung, die auf Parallelen zwischen den Medien Film und Comic hinweist, bearbeiten die Gruppen die ihnen als Farbkopie (!) vorliegenden Panels. Sie achten auf verwendete *Farben*, *Zeichenstil*, *Perspektiven* und *Cadrage* (d.h. gewählte Bildausschnitte) und bei den Figuren auf *Körpersprache*, *Mimik* und *Gestik*. Schließlich bekommen sie einen auf die Bildanalyse bezogenen Auftrag (6.). Die Leitfragen werden medial präsentiert (VORLAGE 7 ***Schluss der Graphic Novel: Leitfragen***).

VORLAGE 7

Schluss der Graphic Novel: Leitfragen

1. Welche Atmosphäre wird durch Farbwahl und Raumaufteilung der Bilder vermittelt?
2. Wie wird die Figur des Reisenden körperlich, gestisch und mimisch charakterisiert? Beziehen Sie Ihre Beobachtungen auf das, was wir über die Figur schon wissen!
3. Wie verhalten sich der Verurteilte und der Soldat?
4. Welchen Eindruck vermitteln die Teehausbesucher, die die Inselbevölkerung repräsentieren?
5. Wie wird die Ansiedlung am Hafen visuell geschildert?
6. Analog zum Film haben wir es mit Kameraperspektiven und Einstellungsgrößen zu tun. Nennen Sie je ein Panel in Auf- und Untersicht sowie je eines in Totale und Großaufnahme!

7.4 Auswertung: Die Graphic Novel als Interpretation

UG

ARBEITSBLATT 7
➤ S. 48
VORLAGE 7
➤ S. 46

Unterrichtsschritt mit Erläuterungen. Das Auswertungsgespräch konzentriert sich auf zwei besonders deutungsrelevante Aspekte: das Verständnis der Figur des Reisenden und die Geschichte des ›alten Kommandanten‹, greifbar im Verhalten der Inselbewohner zu seiner Grabstätte im Teehaus:

- Studiert man die äußere Erscheinung und den Habitus des Reisenden, so hat man als Betrachter/Leser den Eindruck, der Zeichner habe die Figur bewusst nicht mit einer Aura von Autorität oder Entdeckergeist ausgestattet; vielmehr wirkt der Reisende behäbig und etwas überfordert (vgl. Panels 3, 5, 6, 15 des ARBEITSBLATTS 7).
- Die Wahrnehmung des ›alten Kommandanten‹ schwankt zwischen patriarchalischer Sorge für die Gründung und Etablierung der Kolonie und Allmachtsfantasien noch über den Tod hinaus; die Gesichter der umstehenden Teehausbesucher spiegeln, während der Reisende die Inschrift liest (vgl. v.a. Panel 7 des ARBEITSBLATTS 7), Ehrerbietung und Verschlossenheit wider. Sie wollen offensichtlich nicht Auskunft

geben. Man kann aber nicht entscheiden, ob diese Haltung auf einer Ablehnung des ›Fremden‹ beruht oder auf Angst vor Konsequenzen anlässlich der angedrohten Wiederkehr des ›Alten‹.

Die Aufgabe zur Bildanalyse (VORLAGE 7 , Nr. 6) erlaubt schließlich Aussagen zur Erzählweise. *Totalen* finden sich selten (Panels 1 und 18 des ARBEITSBLATTS 7), es dominieren *Halbnah-* und *Naheinstellungen*. *Großaufnahmen* wiederum finden sich zwar in der (den Lernenden nicht vorliegenden) Bildsequenz ›Exekution‹ (S. 43–45), aber kaum im Schluss (Panel 13). *Aufsicht* findet sich hier (Panels 11, 13), *Untersicht* ebenfalls (Panel 16). Beide bleiben aber, wie normalerweise auch im Film, die Ausnahme.

Da Analyse hier, ebenso wie bei jedem anderen Medium, eine Funktion erfüllen und ihren Zweck nicht in sich selbst haben sollte, sind diese Beobachtungen nun auf die Gesamtwirkung zu beziehen: Im Unterschied zur Sequenz ›Exekution‹ (die in 29 Panels kurzschrittig und nahe am Geschehen erzählt) ist der analysierte Schluss (der auf ebenfalls 3 Buchseiten nur 19 Panels braucht) anders erzählt: langsamer und ›epischer‹, mit mehr Aufmerksamkeit für Szene und Atmosphäre. Nicht zufällig wird dieser Ausschnitt von einer Totalen eröffnet und von einer anderen beschlossen. (Wäre er eine Filmsequenz, so bestünde sie aus langen Einstellungen, die vorausgehende Exekutionssequenz dagegen aus kurzen, schnell geschnittenen.)

Zusammenfassend ist im Gespräch festzuhalten, dass die Adaption die Erzählung so werktreu umsetzt, wie das Medium es zulässt, und damit auch die kalkulierten Unklarheiten in deren nichtrealistischem Wirklichkeitsentwurf nicht auflöst. Die Sehgewohnheiten der an das Erzähltempo von Filmen gewöhnten Rezipienten werden kaum herausgefordert, aber die angebotenen Bilder sind gut gezeichnet und zu stimmigen Bilderstrecken montiert. In der Figur des Reisenden setzt die Adaption einen Akzent über die Vorlage hinaus: Dieser Mann wird keine Stellung beziehen!

Schluss der Graphic Novel *In der Strafkolonie*

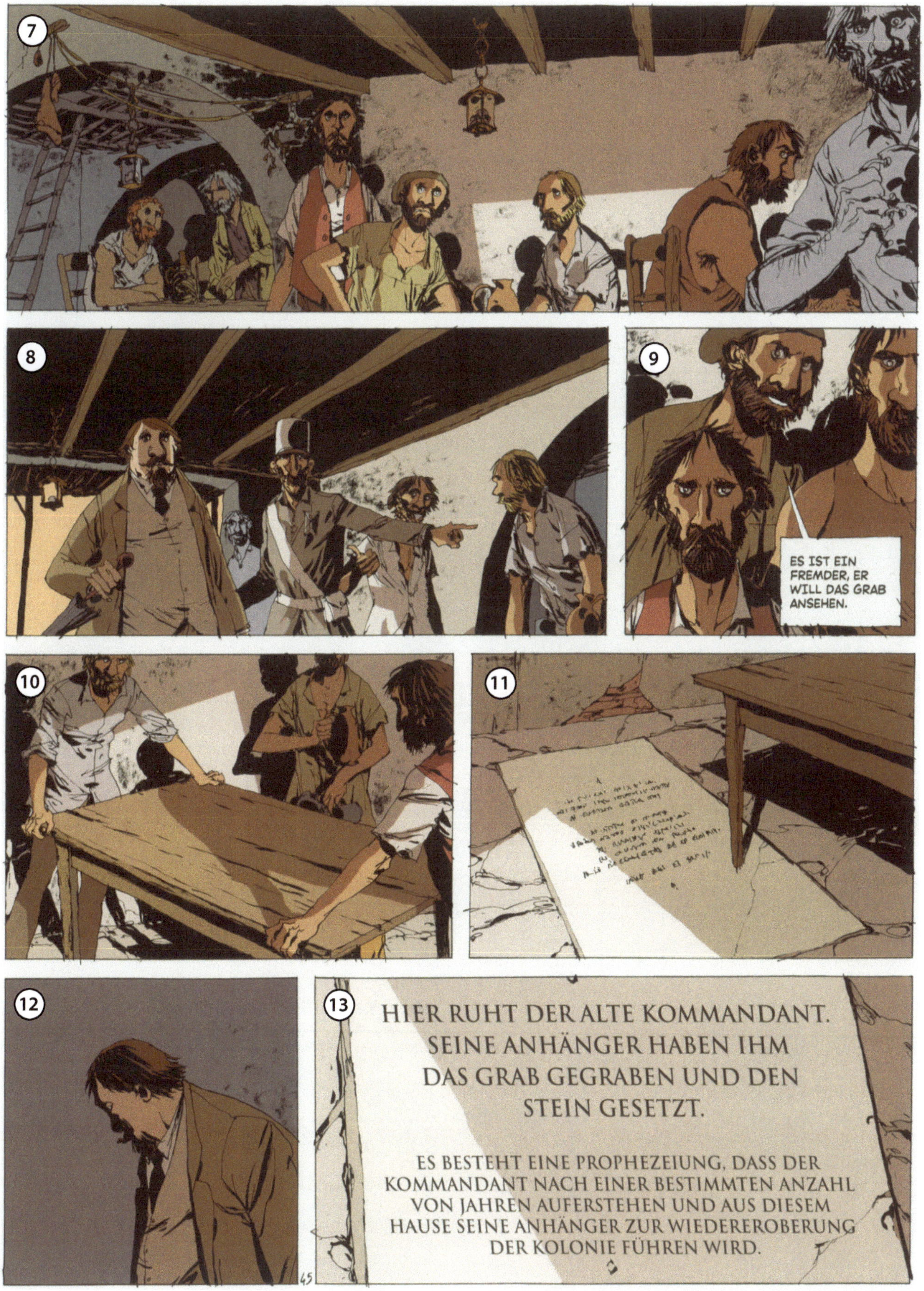

2020 Reclam Verlag / Ulf Abraham

In der Strafkolonie nach Franz Kafka, Graphic Novel von Sylvain Ricard und Maël, München: Knesebeck Verlag, 2012, S. 46–48, frz. Originalausg.: *Dans la colonie pénitentiare, de Franz Kafka*, Paris: Delcourt, 2007. –

8 Die Lektüre mit einem übergeordneten Thema verknüpfen: Tätowierungen (Erweiterung II)

Sachanalyse

»Die Haut ist als hochsensible Körpergrenze physischer Rezeptor und kulturelle Projektionsfläche in einem; sie zeigt der Außenwelt die körperliche Präsenz eines Menschen und schützt zugleich dessen Innenleben vor fremden Einblicken.«[1] Das Phänomen des Einschreibens von Zeichen in die menschliche Haut macht diese zum Trägermedium. Während Bemalungen temporär sind, hat es das Tätowieren auf Dauerhaftigkeit abgesehen. Tattoos sind einerseits ein in wohl fast allen Kulturkreisen verbreitetes Mittel der Selbstinszenierung und Identitätsmarkierung, das im Lauf der vergangenen drei Jahrzehnte allmählich von den Rändern der Gesellschaft(en) aus ins Zentrum vorgedrungen ist: Tattoos gelten heute nicht mehr als Ausweis der Zugehörigkeit zu einer sozialen Randgruppe, sondern werden in allen Schichten weithin geschätzt oder wenigstens akzeptiert (auch wenn es noch Arbeitgeber gibt, die im Dienst sichtbare Tattoos nicht mögen). Auch die Kunst hat den Körper als Trägermedium von Schrift und Ornamenten neu entdeckt (vgl. z. B. Arbeiten von Shirin Neshat). Andererseits scheint das Tätowieren so etwas wie eine anthropologische Konstante zu sein: Bereits aus prähistorischer Zeit sind Tätowierungen nachgewiesen, und das Narrativ von den ›Eingeborenen‹ der ›Südsee‹ und der ›Neuen Welt‹ (Amerika), die sich selbst bemalen oder tätowieren, gehört untrennbar zur Kolonisationsgeschichte. Und schließlich hat das Tätowieren eine lange und wenig rühmliche Tradition als Zwangsmaßnahme zur sicheren Identifikation von Lagerinsassen, gepflegt unter anderem im Rahmen der Verfolgungen und Genozide, die von den europäischen Diktaturen des frühen 20. Jahrhunderts (Hitler, Mussolini, Franco, Stalin) verübt worden sind.[2] – Die Spannung zwischen dem Status des Tattoos als Körperschmuck sowie Form der Selbststilisierung und seinem Status als *de-facto*-Körperverletzung, vollzogen an wehrlosen Internierten, steht im Zentrum der Unterrichtseinheit. Die Verbindung zur Lektüre *In der Strafkolonie* ist leicht herstellbar.

1 Alexander Honold, »In der Strafkolonie«, in: Bettina von Jagow / Oliver Jahraus (Hrsg.), *Kafka-Handbuch. Leben – Werk – Wirkung*, Göttingen 2008, S. 478.

2 Vgl. hierzu ausführlich Oliver Bidlo, *Tattoo – die Einschreibung des anderen*, Essen 2010.

Unterrichtsverlauf

Überblick. Die thematische Erweiterung bietet sich an, weil sie zentrale Aspekte der Erzählung mit der Lebenswelt der Lernenden verknüpft. (In den beiden vorgeschlagenen Klausurthemen bleibt diese Unterrichtseinheit jedoch außer Betracht.)

Einer Hinführung zum Thema durch ein offenes Gespräch über Vorwissen und Einstellungen zum Phänomen des Tätowierens folgt die Betrachtung einer Bilderserie, die 5000 Jahre menschlicher Haut als Trägermedium von Bild- und Schriftzeichen dokumentiert. In Gruppenarbeit werden dann drei Aspekte des Themas vertieft und die Ergebnisse daraus in einem Abschlussgespräch zusammengeführt. Die Stunde kann beschlossen werden durch eine Arbeit der Künstlerin Shirin Neshat, die sichtbare Hautpartien bewaffneter iranischer Frauen durch zeitgenössische Lyrik ›überschreibt‹.

Phase	Thema	Sozialform	Kompetenzen und Lernziele	Materialien
Voraussetzungen: keine				
8.1	»Tätowieren« – »Tattoo«: Annäherung an ein Alltagsphänomen	UG	• Vorwissen und Einstellung zu einem Alltagsphänomen in den Unterricht einbringen	
8.2	Bilder betrachten	UG	• Bilder aus verschiedenen Zeiten und Kulturen als Belege, aber auch unter Aspekten ästhetischer Anmutung sehen und würdigen	Internetzugang
8.3	Vertiefung: drei Aspekte des Tätowierens	GA	• Sachtexten themafokussiert Informationen entnehmen	ARBEITSBLATT 8a ➤ S. 55 ARBEITSBLATT 8b ➤ S. 56 ARBEITSBLATT 8c ➤ S. 57
8.4	Auswertung	UG	• Anspruchsvolle Fachinhalte verständnisfördernd referieren/rezipieren • Gewonnene kulturgeschichtliche Erkenntnisse auf den literarischen Text sowie ein weiteres Kunstwerk beziehen	VORLAGE 8 ➤ S. 54

8.1 »Tätowieren« – »Tattoo«: Annäherung an ein Alltagsphänomen

UG

Unterrichtsschritt mit Erläuterungen. In einem ersten Schritt bekommen die Schüler*innen Gelegenheit, ihr Vorwissen und ihre Einstellung zum Tätowieren und Tragen von Tattoos als einem inzwischen verbreiteten Alltagsphänomen in den Unterricht einzubringen. Sehr unterschiedliche Aspekte können hier zur Sprache kommen, ästhetische ebenso wie psychologische, physiologische/medizinische und eventuell auch politische. Ggf. können die Lernenden auch von eigenen Erfahrungen berichten. Da ein solches Gespräch, wie die Unterrichtsschritte 8.3 und 8.4 dann zeigen werden, das Selbstverständnis und die Identität aller (!) Lernenden der Klasse tangiert (auch die Entscheidung gegen ein Tattoo betrachten Einzelne möglicherweise als begründungspflichtig), fordert das Gespräch ein unvoreingenommenes Herangehen an das Thema, auch und gerade von der Lehrkraft. (Ist das nicht erwünscht oder scheint es riskant, kann man sich auch auf eine sachliche Begriffsdefinition beschränken.)

8.2 Bilder betrachten

Unterrichtsschritt mit Erläuterungen. Ein zweiter Schritt dient der Horizonterweiterung über die eigene Alltagserfahrung hinaus. Als Material- und Informationsbasis kann der Wikipedia-Artikel »Tätowierung« dienen, der u. a. folgende Bilder enthält (de.wikipedia.org/wiki/Tätowierung, Stand: 9.12.2019):

UG Internetzugang

- die Fotografie einer an den Ober- und Unterarmen tätowierten jungen Frau der Gegenwart
- die Fotografie eines oberägyptischen Mähnenschafs in seiner Funktion als Vorbild für eines der ältesten (über 5000 Jahre alten) Tattoos überhaupt
- die Fotografie einer traditionellen Samoan-Tätowierung auf einem männlichen Körper
- die Zeichnung eines tätowierten Kriegers von der Südseeinsel Marquesas aus *Die Marquesaner und ihre Kunst* (3 Bände, Berlin 1925–28) des Ethnologen Karl von Steinen (Bd. 1, S. 142)
- die Fotografie einer tätowierten Mumie aus dem 5.–2. Jh. v. Chr., die 1993 in Südwestsibirien gefunden wurde
- die Fotografie eines im Gesicht tätowierten neuseeländischen Māori (ca. 1870)
- die Fotografie einer traditionell tätowierten Frau in Suai (Osttimor)
- die Fotografie der Häftlingsnummer eines Auschwitzüberlebenden (Unterarm)
- eine handkolorierte Fotografie zweier tätowierter Japaner von Felice Beato (um 1870)

Diese und weitere Bilder können projiziert, betrachtet und kommentiert werden. Sie faszinieren teilweise durch ihre Fremdartigkeit und sind ästhetisch interessant durch die abgedeckte Bandbreite an Möglichkeiten, menschliche Haut als Trägermedium zu nutzen. Es geht hier weniger um einen kulturgeschichtlichen Vortrag als um visuelle Eindrücke von der Vielfalt und historischen Ubiquität des Phänomens. Wichtig ist, neben Beispielen der visuellen Selbststilisierung aus der Postmoderne auch solche aus kulturellen (und teilweise religiösen) Traditionen verschiedener Ethnien zu zeigen und mindestens einen Beleg für Zwangstätowierung.

8.3 Vertiefung: drei Aspekte des Tätowierens

Unterrichtsschritt. Die Lernenden erhalten nun drei Auszüge aus der Monografie *Tattoo – die Einschreibung des Anderen* von Oliver Bidlo (ARBEITSBLATT 8a bis ARBEITSBLATT 8c), die arbeitsteilig in Gruppen gelesen werden mit dem Auftrag, jeweils das Wichtigste knapp zusammenzufassen. Auf diese Weise kann in einer überschaubaren Zeit (ca. 15 Min.) ein Einblick erarbeitet werden in

1. die ***(Vor-)Geschichte des Tätowierens*** (ARBEITSBLATT 8a),
2. ***Tätowieren als Form der Machtausübung*** (ARBEITSBLATT 8b),
3. ***Physiologische und psychologische Aspekte des Tätowierens*** (ARBEITSBLATT 8c).

GA
ARBEITSBLATT 8a ➤ S. 55
ARBEITSBLATT 8b ➤ S. 56
ARBEITSBLATT 8c ➤ S. 57

8.4 Auswertung

Unterrichtsschritt mit Erläuterungen. In einem Plenumsgespräch werden nun Ergebnisse aus der Gruppenarbeit zusammengetragen. Die Lehrkraft trägt Sorge dafür, dass das entstehende Bild vom Tätowieren als einer kulturellen Universalie nicht unterkomplex bleibt: Tattoos sind einerseits ein ›postmodernes‹ Mittel der Selbstinszenierung und Identitätsmarkierung, andererseits eine anthropologische Konstante. Die in den Körper eingeschriebenen Bedeutungen konnten und können dabei individuell beliebig, aber politisch und/oder religiös motiviert sein. Neben der freiwilligen, die eigene Identität (mit-)gestaltenden Tätowierung dürfte es aber immer auch die zwangsweise Einschreibung als Zuschreibung von Identität (z. B. des Delinquenten oder politischen Häftlings) gegeben haben: Hier schließt sich der Kreis, denn Kafkas Erzählung kann nun als narrative Bestätigung der kulturellen Ambivalenz des Tätowierens verstanden werden.

UG
VORLAGE 8 ➤ S. 54

Abschließend kann ein Beispiel aus einer Fotoserie der iranischen Künstlerin, Filmemacherin und Fotografin Shirin Neshat (geb. 1957) gezeigt werden: In *Women of Allah* (1993–97, VORLAGE 8 ***»I Am Its Secret«***, 1993) porträtierte Neshat bewaffnete islamische Frauen im bodenlangen Tschador, überschrieb aber die unbedeckten Stellen der Haut jeweils mit Texten zeitgenössischer iranischer Lyrikerinnen in der Landessprache Farsi. Die aufgebrachten Schriftzüge wirken auf den ersten Blick wie kalligrafische Ornamente. Indem Neshat Hautpartien bewaffneter Frauen durch zeitgenössische Lyrik ›überschreibt‹, macht sie die Kunst und kulturelle Praxis des Tätowierens ihrerseits zum Gegenstand von (politischer) Kunst. (Vgl. Valeska van Rosen, »Verschleierungen. Frauen im Tschador in Shirin Neshats Photoarbeiten«, in: J. Endres / B. Wittmann / G. Wolf [Hrsg.], *Ikonologie des Zwischenraums. Der Schleier als Medium und Metapher*, München [u. a.] 2005, S. 75–93.)

VORLAGE 8

Shirin Neshat, *I Am Its Secret* (1993), RC print & ink (Foto: Plauto), 139,4 × 99,4 × 4,8 cm. – Copyright Shirin Neshat. Courtesy the artist and Gladstone Gallery, New York and Brussels

(Vor-)Geschichte des Tätowierens

»Den Beginn des Tattoos und des Tätowierens zu bestimmen, ist kaum möglich. Bereits prähistorische Funde lassen die Vermutung zu, dass das Tätowieren zusammen mit der Felsmalerei die erste künstlerische Äußerung des Menschen ist. So hatte bereits die 5000 Jahre alte Tiroler Gletschermumie, besser bekannt als Ötzi, über 60 Tätowierungen auf seinem Körper. Diese wurden allerdings nicht – wie aus der modernen Tätowierungstechnik bekannt – gestochen, sondern geschnitten. Interessant hierbei, lässt es doch Vermutungen zu ihrer Funktion zu, ist der Umstand, dass die Tätowierungen sich jeweils dort befanden, wo die Mumie Verschleißerscheinungen aufwies. Es lässt sich vermuten, dass Ötzi an diesen Stellen große Schmerzen hatte, z. B. am Knie, der Lendenwirbelsäule oder an den Sprunggelenken. Denn durchtrennt man an diesen Stellen feine Nervenstränge, führt dies zu einer Schmerzlinderung. Dergestalt lässt sich vermuten, dass die Tätowierungen der Gletschermumie Ötzi nicht als Schmuck oder der Bezeichnung dienten, sondern einen therapeutischen Hintergrund hatten, sie sollten der Schmerzlinderung dienen. [...]

Gerne wird der Beginn des Tattoos und des Tätowierens in Europa mit der Entdeckung Ozeaniens bzw. der Südsee und den mitgebrachten Bewohnern mit ihren schmuckvollen Tätowierungen erklärt und darauf datiert. Der Entdeckergeist des 16. Jahrhunderts führte zu einer Vielzahl von Expeditionen. Manche dieser Expeditionen [...] verliefen in Richtung Südpazifik. Die bei der Rückreise mitgenommenen Einwohner der verschiedenen Völker der Inseln, die man entdeckt hatte, erregten nicht nur wegen ihres fremdartigen Aussehens das Aufsehen der Daheimgebliebenen. Auch die besonderen, reich geschmückten Körperbemalungen und -tätowierungen mit ihrer Vielzahl an Formen und Farben erweckten die Neugierde der Europäer und die Sehnsucht nach einer fernen, paradieshaften Welt jenseits der Meere.

Dennoch ist es nicht so, als wäre das Tattoo ein erster großer Importerfolg der sich ausbreitenden Kolonialisierung. Das Tätowieren selbst ist keine dezidiert einem Volk oder einer Kultur zuzuschreibende Art der Hautverzierung und auch nicht nur einem geographischen Ursprungsgebiet zuzurechnen. In allen Kulturen und Völkern gab es besondere Formen der Hautschmückung und eben des Tätowierens in ihrer je eigenen Ausprägung, eigener gesellschaftlicher Bedeutung und Funktion. Es scheint daher eine Eigenart der Menschen und der Menschheit überhaupt zu sein, die Haut als eine Form von Ausdruck selbst zu bearbeiten bzw. bearbeiten zu lassen und die Haut als ein besonderes Trägermedium einzusetzen.«

Oliver Bidlo: Tattoo – die Einschreibung des Anderen.
Essen: Oldib Verlag, 2010. S. 17 f.

ARBEITSBLATT 8b

Tätowieren als Form der Machtausübung

»Dass gerade in Gefangenenlagern und Strafkolonien die Tätowierungen um sich griffen, lag und liegt auch daran, dass die Haut die letzte noch zur Verfügung stehende Bastion der Freiheit der Insassen war. [...] Die Verfügung über die Haut des Anderen war und ist immer auch an Herrschaft und Macht gekoppelt. Während die Tätowierung auf der einen Seite Ausdruck von einer letzten Freiheit war, konnte sie umgekehrt Brandmarkung und Stigmatisierung sein, wie sie sich in den KZ-Nummern der Nazis, die den Gefangenen tätowiert wurden, ausdrückte. [...]

So steht die Praxis des Tätowierens zwischen diesen beiden Polen: der Macht über die eigene Haut oder Verlust der Freiheit durch die Einschreibung des Anderen. Und dieses Feld drückt sich aus durch die Art, Form und die Gestaltung des Tattoos: Auf der einen Seite die Auswahl eines spezifischen, die Individualität ausdrückenden Zeichens, meist reich verziert oder zumindest besonders geformt, zudem an eine ausgewählte Körperstelle angebracht. Auf der anderen Seite ein genormtes Zeichen, in fester Form, mit festem Inhalt und an feststehender Körperstelle eingebrannt, das die Individualität auflöst, sie zersetzt und den Leib und den Geist in einem singulären Zeichen degradiert.

In der Tat ist es erstaunlich, dass, historisch betrachtet, die kosmetische Funktion des Tattoos und Tätowierens und der Aspekt der Verschönerung in den Vordergrund gerückt sind. Denn die viel längere Tradition in Europa hat das Tattoo als Identifizierungsmerkmal und nicht als ästhetischer Gegenstand. [....] Tätowierungen waren oft nicht aus freien Stücken gewählt, sondern fremdbestimmt angebracht; sie betrafen in diesem Zusammenhang vor allem die rechtlichen Aspekte einer Person. [...] Innerhalb eines rechtlichen Rahmens hatten Tätowierungen die Funktion der Ächtung und Ausweisung von Kriminellen inne. Ein solches Stigma, verstanden als eine leichte Körperstrafe, sah im Mittelalter eine Kennzeichnung vor; besonders für Huren, Falschspieler oder Diebe.«

Oliver Bidlo: Tattoo – die Einschreibung des Anderen.
Essen: Oldib Verlag, 2010. S. 24 f.

ARBEITSBLATT 8c

Physiologische und psychologische Aspekte des Tätowierens

»Die Haut des Menschen hat ganz unterschiedliche Funktionen. Insbesondere bietet sie Schutz vor Wärme, Kälte und gewissen Strahlungen, weiterhin vor dem Eindringen bestimmter Mikroorganismen und anderen schädlichen Einflüssen von außen. Zudem bewahrt sie den menschlichen Körper vor Wärme- und Wasserverlust. Darüber hinaus ist die Haut das größte Sinnesorgan des Menschen, über das er mithilfe unterschiedlicher Rezeptoren Schmerz, Wärme, Kälte oder auch Vibrationen und Druck wahrnehmen kann. Diesen eindrücklichen Wahrnehmungen stehen aber auch eine Reihe von Ausdrucksmöglichkeiten gegenüber, mit der die Haut Signale an die Umwelt weitergibt, die Hinweise auf die Verfassung des Menschen geben können. So kann die Haut erröten oder erblassen, man kann eine ›Gänsehaut‹ bekommen und über gewisse Drüsen in der Haut Pheromone aussenden. Auch in dieser biologischen Perspektive ist die Haut Mittler zwischen Innen und Außen, gehört sozusagen zwei Welten an. Die enge Verbindung von Haut und Innenwelt zeigt sich z. B. in dem Ausspruch ›Die Haut als Spiegel der Seele‹, der darauf hindeutet, dass die Haut als Ausdrucksfläche besonders sensibel auf psychische Belastungen reagiert.«

Oliver Bidlo: Tattoo – die Einschreibung des Anderen.
Essen: Oldib Verlag, 2010. S. 38 f.

9 Klausurvorschläge mit Lösungshinweisen

9.1 Eigene Deutung

Klausuraufgabe

Verfassen Sie eine Interpretation der Erzählung *In der Strafkolonie*, in der Sie mindestens zwei der im Unterricht diskutierten Perspektiven darstellen und zueinander in ein Verhältnis setzen. Das Verhältnis kann ein Ergänzungs- oder Konkurrenzverhältnis sein.

Lösungshinweise

Für die Darstellung eines Ergänzungsverhältnisses eignen sich beispielsweise

- (1) *Der Text als Ausdruck einer ambivalenten Beziehung des Autors zur »Schuld«; Folter als Form der Selbstbestrafung* in Kombination mit (3) *Der Text in der Tradition der ›dunklen Phantastik‹ als Form der Darstellung unterdrückter menschlicher Wünsche und Ängste.*
  oder
- (2) *Der Text als Reaktion auf die Medienentwicklung des frühen 20. Jahrhunderts im Kontrast zur Barbarei des (Ersten) »Weltkriegs«* in Kombination mit (4) *Der Text als Schlüsseltext der Moderne, vieldeutig wie die Wiedergabe eines Traums.*

Für die Darstellung eines Konkurrenzverhältnisses eignen sich beispielsweise

- (4) *Der Text als Schlüsseltext der Moderne, vieldeutig wie die Wiedergabe eines Traums* im Gegensatz zu (6) *Der Text als Ausdruck von Kafkas Beschäftigung mit dem Judentum in einer christlich geprägten Kultur in Bezug zur alttestamentlichen Prophezeiung der Wiederkehr des Messias.*

9.2 Bericht des Reisenden

Klausuraufgabe

Verfassen Sie den Bericht des Reisenden an die (fiktive) »Gesellschaft für die Förderung internationaler Beziehungen«, die seine Reise finanziert hat. Sie können Details erfinden, die Sie für den Bericht brauchen; konzentrieren Sie sich aber auf die zentralen Ereignisse der Erzählung und arbeiten Sie den Standpunkt des Reisenden heraus.

Lösungshinweise

Folgende Stichpunkte stecken einen groben Erwartungshorizont für gelungene Lösungen ab, ohne dass damit andere, hier nicht erwähnte Aspekte ausgeschlossen werden sollen:

- *formal:* Adresse der »Gesellschaft« und höfliche Anrede
- *sprachlich:* keine umgangssprachlichen Formulierungen; ein eher empörter oder eher defensiver Tonfall
- *inhaltlich:* das Erscheinungsbild der Kolonie; die offenbar vergeblichen Bemühungen des ›neuen Kommandanten‹, europäische Standards durchzusetzen; gleichzeitig eine heimliche Verehrung des ›alten Kommandanten‹, dessen Rechtspraxis und v. a. Hinrichtungsmethode gegen jede Vorstellung von Rechtsstaatlichkeit und Menschenrechten verstieß und noch immer nicht abgeschafft ist; als Zeuge einer solchen Hinrichtung entsetzt, aber machtlos.